本书受到国家自然科学基金青年项目（71802025）、教青年基金项目（17YJC630107）的资助。

内隐创业型领导与中国创业追随力

Implicit Entrepreneurial Leadership
and
Positive Followership Based on Chinese Cultural Context

倪渊　李翠 / 著

经济管理出版社
ECONOMY & MANAGEMENT PUBLISHING HOUSE

图书在版编目（CIP）数据

内隐创业型领导与中国创业追随力/倪渊，李翠著 .—北京：经济管理出版社，2021.7

ISBN 978-7-5096-8143-5

Ⅰ . ①内… Ⅱ . ①倪… ②李… Ⅲ . ①人力资源管理研究 Ⅳ . ①F243

中国版本图书馆 CIP 数据核字（2021）第 145215 号

组稿编辑：杨　雪

责任编辑：杨　雪　付姝怡

责任印制：黄章平

责任校对：张晓燕

出版发行：经济管理出版社

　　　　　（北京市海淀区北蜂窝 8 号中雅大厦 A 座 11 层　100038）

网　　　址：www. E-mp. com. cn

电　　　话：（010）51915602

印　　　刷：唐山昊达印刷有限公司

经　　　销：新华书店

开　　　本：710mm×1000mm/16

印　　　张：11. 75

字　　　数：180 千字

版　　　次：2021 年 10 月第 1 版　　2021 年 10 月第 1 次印刷

书　　　号：ISBN 978-7-5096-8143-5

定　　　价：69. 00 元

序　言

　　长期以来，创业被看成是少数英雄人物缔造的传奇故事，而英雄背后无数的追随者却鲜被关注。本书的特色在于反转"镜头"，强调下属积极追随力对创业企业成长的重要性，选择了内隐领导理论作为研究视角，融合内隐领导理论与本土创业情境提出了一种新的领导模式——内隐创业型领导，在明确该领导内涵和结构的基础上，围绕"内隐创业型领导与积极追随力的互动作用机制"展开系统研究，为实现对创业企业的有效管理提供理论支撑。

　　本书尝试从以下四个方面进行理论探索与突破：

　　第一，跳出显性领导理论"丛林"，从内隐领导视角重新审视追随力的来源，为创业积极追随力形成机制提供新的思路和理论支撑。

　　显性领导理论视角下追随力形成机制研究存在较多结论冲突和矛盾，它为创业积极追随力形成机制的探索蒙上了一层"迷雾"。对此，本书跳出显性领导理论"丛林"，从内隐领导视角理解追随力，尝试拨开这层"迷雾"。根据内隐领导理论，本书提出"不同领导方式激发积极追随力的深层次原因是他们符合下属理想领导的认知图式"的基本假设，然后借助本土创业追随者独特认知图式对应的领导模式——内隐创业型领导及其作用机制来验证这一命题，为挖掘本土创业追随力的产生根源提供新视角和理论支持。

　　第二，融合"内隐领导理论"与"本土创业情境"提出并验证内隐创业型领导的概念和结构，丰富本土领导理论，为创业领导有效性提供新的理论工具。

　　领导是情境的产物，中国特色文化、价值观与创业实践交织在一起形成独特的本土创业情境，而现有领导理论缺乏中国创业情境下针对性领导方式的探索。为了弥补理论缺口，本书将内隐领导理论拓展至本土创业领域提出了新的领导模式——内隐创业型领导。该领导根植于本土追随者内心独特的领导认知图式，结构包含"创业修身"和"创业做事"两方面。其中，前者体现了中国创业情境上下级之间独特的基于人情的共生关系；后者则体现了与中国创业情境下复杂创业活动对领导者行为和特质的要求。此外，"修身""做事"的结构框架与中国传统文化也是一脉相承的。该模式不仅为本土领导理论增添了新成员，同时相关测量量表开发也为创业情境下领导有效性探索提供了新的理论工具。

第三，突破单一层面研究，引入社会认同和积极心理理论，为阐释领导者与有效追随者互动机制提供新的解释框架。

关于领导者与追随者互动的已有研究多集中于个体层面，且未能清晰阐释两者之间互动机制，尤其是积极追随力对领导者塑造作用缺乏有力的理论推理和实证依据。对此，本书进一步拓展研究层次，从多个视角揭开内隐创业型领导与积极追随力互动过程的"黑箱"。一方面，综合"义"和"利"两方面因素，引入社会认同理论阐释内隐创业型领导激发多层次积极追随力的内在逻辑；另一方面，从积极心理学的视角入手，阐释积极追随力对内隐创业型领导者的塑造过程，力图拓宽现有互动关系的研究框架，加深对本土创业者与追随者互动过程中独特心理规律的认识。

第四，突破西方理论框架，挖掘本土文化因素对创业者与追随者互动的影响，推动本土化管理研究发展。

本土化是国内创业管理以及追随力理论发展的重要趋势之一，然而相关研究多采用中国数据验证西方已有模型或者框架，缺乏对中国文化潜在影响的深度挖掘，削弱了结论对中国创业管理实践的指导意义。对此，本书在内隐创业型领导者与积极追随力互动机制的阐释中融入了一系列具有本土文化色彩且能够反映中国创业情境特征的因素，包括员工传统性、关系认同以及领导正念等，力图从领导者、追随者以及创业团队三个方面系统揭示本土创业领导者与不同层次积极追随力互动的独特边界条件，相关研究结论有助于推动创业管理以及追随理论的本土化发展，为本土管理理论增添新的内容。

目　录

第二部分
内隐创业型领导对中国创业追随力的影响 ·················· **39**

第 一 部 分

内隐创业型领导的兴起、内涵与测量

聚焦问题：内隐创业型领导结构是怎样的，它是否是一个独立构念？

内隐创业型领导是本书融合中国创业情境和内隐领导理论提出的新概念，作为一种新的情境领导方式，"它的结构是怎样的，能否作为一个独立的构念存在"是本书拟解决的第一个关键问题。对此，本书借助内隐创业型领导与本土追随者领导认知图式的一致性，通过挖掘中国创业追随者独特的领导原型来揭示内隐创业型领导的结构，探索过程归纳"前人经验"及大样本数据收集和统计分析，保证原型结构的系统性和科学性。在此基础上，通过与已有内隐领导原型和显性领导模式的比较，进一步验证该构念内涵和结构的独特性。

1

内隐创业型领导的兴起

1.1 本土创业呼唤新型领导力

随着信息技术进步和政府的政策激励，创业已经成为当今中国最亮丽的一道风景线。作为经济结构中最活跃的因素，创业企业发展壮大不仅关乎经济转型的成败，同时也承载了无数人的"中国梦"。然而，创业并非一路坦途，想要修成正果也非易事，大部分本土创业企业成长现状不容乐观。面对创业道路上的"九九八十一难"，创业者要想取得"真经"，离不开自身的优秀品质以及合理的组织战略，但更为重要的是拥有一群"铁杆"追随者，他们以组织目标为导向，主动履行相关责任与义务，对领导者施以积极影响，帮助组织在应对不同挑战时化险为夷。追随者在创业企业成长中的重要性缘于组织内部独特的上下级关系。受内部资源限制和外部竞争压力影响，创业企业中，领导与下属之间不再是成熟期企业内部官僚的部属关系，而是一种依赖共生的关系；这一变化决定了创业不再是英雄一手缔造的传奇故事，而是领导者与追随者相互配合、共同协作的过程。因此，对广大本土创业企业而言，创业者能否将下属培养成有效追随者，形成积极的创业追随力，成为影响创业企业"走多远"的关键。

积极追随力是有效追随者拥护领导并努力实现共同目标过程中所表现出的积极心理、行为和关系特征的综合体（许晟和曹元坤，2012；刘毅、彭坚和路红，2016），它不仅能提升领导和组织效能，也是塑造优秀领导者的沃土。积极追随力是一个多层次的构念（原涛和凌文辁，2010），存在于组织各个层级中，不论个体还是群体层面积极追随力的缺失，都会削弱组织持续发展的动力。对创业企业而言，激发下属和团队积极追随力的关键在于领导者，因为追随力是在下属与领导者的互动中形成的。正如Kellerman（2008）所说：追随力如同领导者的镜像，追随者经历的领导风格或行为，会直接"投射"给领导，并预示领导活动的成败。那么何种领导方式能够激发积极追随力呢？不少学者尝试从显性领导理论入手，探索不同领导风格（如变革型、交易型、真实型以及家长型等）与积极追随力的关系，但结论存在较多的冲突和矛盾之处，研究陷入"显性领导丛林"的困境。对此，Uhl-Bien等（2014）认为"排除测量和环境因素的干扰，一个可能原因在于研究视角；已有文献均以显性领导作为切入点，遵循的是领导中心理论，而非追随者中心理论"。Carsten等（2010）也指出"不同领导类型和方式的背后，还存在更深层次的根源，比如内隐结构作为追随者自我概念、情感体验、经验、认知与行为等因素长期交互的积淀，比单纯的外部强加目标对个体行为的支配更稳定、更有效"。根据Meindl（1995）提出的追随者中心视角，领导及其结果均由追随者建构，领导受到追随者的认知过程和追随者之间的社会互动过程的影响。所以，要破解创业者心中关于"有效领导与积极追随力之间关系"的疑问，应该站在追随者的角度上，以下属对领导的认知图式为基础展开研究，明晰"创业追随者心中理想领导者是怎样的""当领导者符合追随者期望的领导认知图式时会产生积极追随力吗""积极追随力是否能将创业者塑造成理想领导者呢"等一系列问题，而这些问题的回答属于内隐领导理论的范畴。

一方面，内隐领导理论认为，有效的领导方式是以追随者的认知图式（原型）作为判断标准，而领导原型的形成受文化、社会价值观和组织情境等因素的影响，领导者行为与原型越一致，越可能对追随者产生积极影响。就广大本土创业追随者而言，他们用来判断创业者或者上级是否属于有效的领导原型，具有浓厚的本土文化特色。比如，中国传统文化强调的"仁、义、礼、智、信"和"德才兼备"等评判标准随着代际传承延续至今，仍然是中国本土创业追随者内心刻画理想领导者的重要依据。另一方面，一些西方价值观以及西方著名创业者，如苹果公司的乔布斯和Facebook 的扎克伯格等所体现出来的创新精神、人格魅力也会潜移默化嵌入本土创业追随者的领导原型中；此外，创业活动本身的高风险和复杂性对领导者提出的特殊要求，如机会把握能力、冒险精神等，以及本土创业活动成功典范的行为特点，如马云的"侠义精神"等，同样对中国创业追随者的领导原型结构产生影响。

由此可见，中国创业追随者的领导原型是多种因素杂糅融合形成的一种独特认知分类系统。按照内隐领导理论的基本假设推理，以本土创业追随者"内心"原型为基础的领导模式将是激发创业员工和团队积极追随的重要潜在因素。鉴于此，本书将中国创业追随者独特的领导原型定义为一种新的领导模式——内隐创业型领导，并以此为基础展开相关探索。受文化根植性和显性领导理论主导地位的双重影响，目前内隐领导理论深度研究相对有限，已有文献对中国创业追随者内隐领导原型并未进行清晰刻画，相关作用机制研究亦不丰富，比如以下问题："内隐创业型领导能否激发多层次的积极追随力？"，"内隐创业型领导会通过怎样的员工心理历程和团队互动过程来促进积极追随力？"，"不同层次的积极追随力又如何塑造领导者"以及"它们之间互动关系激发的边界条件是什么？"，皆需进一步探索。

综上所述，本书立足于"积极追随力对创业团队成长的重要作用"，依据追随者中心的基本观点，选择内隐领导理论作为切入点，融合本土创业情境提出了一种新的领导方式——内隐创业型领导，在挖掘该领导方式内涵和结构的基础上，采用跨层次设计，从员工和团队两个层面揭示内隐创业型领导与创业积极追随力的互动作用机制，为促进创业团队的有效领导提供理论框架。

1.2　内隐创业型领导的文献回顾

本书主要讨论本土创业情境下"内隐创业型领导"与"积极追随力"的互动关系，且内隐创业型领导是在内隐领导理论基础上衍生出来的构念。因此，已有文献回顾从内隐领导理论、积极追随力以及创业情境下领导理论三个领域展开。

1.2.1　内隐领导理论的相关研究

内隐领导理论（Implicit Leadership Theory，ILT）源于认知分类理论，与特质论、行为论等显性领导理论相比，它强调主体潜层次思维反应对行为本质的影响，认为有效的领导方式是以下属或者追随者的认知图式作为判断标准的。早期研究重点在于"内隐"的内涵、内隐领导原型的概念、内容、测量和形成机制。近十年，内隐领导理论主要围绕作用机制和不同文化下本土化研究展开。发展至今，内隐领导理论虽然积累了一些成果，但研究的系统性、规模和深度明显不足。不过，随着追随者组织地位的凸显，内隐领导理论作为解释追随者行为的理论框架，显示出巨大研究潜力，引起广泛关注。近两年领导理论的国际主流期刊连续刊发文章并设定研究专题来呼吁对内隐领导理论进行深度探索。本书主要涉及 ILT 测量和作用机制两方面内容，已有研究情况如下：

（1）内隐领导原型及测量

作为 ILT 的核心概念，领导原型（Leadership Prototype）是下属基于自身社会化经历所形成的有关领导者应具备的特质或应有行为的认知图式。它存储在下属的记忆中，当下属遇到处于领导位置的个体，就会被激活，被用来区分领导者与非领导者以及有效领导者与无效领导者。国外学者较早开展内隐领导原型的测量，方法包括直接测量和间接测量：直接测量借助主观报告收集数据，主要有 Lord 等的 59 项量表、Campbell 的领导罗盘、Offermann 等的 ILT 量表、Kenney 等的成功领导者描述问卷和 House 等的跨文化 ILT 问卷；间接测量以实验法为主，包括以操作为导向、以联系为导向和以解释为导向三大类方法。关于内隐领导原型的内容，国外公认稳定度较高的是 Offermann 和 Epitropaki 的研究：Offermann 等指出"理想领导"应该具备敏感性、贡献、专制、感召力、吸引力、男性化、智力和力量八方面特质要素；Epitropaki 等区分了有效和无效领导原型，其中正向领导原型包括敏感性、智力、贡献和动力，负向领导原型包括专制和男性化。后来，House 进行了领导原型的跨文化探索，发现某些特质（21 项正向特质、8 项负向特质）在不同文化下具有稳定性，而另外一些（35 项文化情境特质）作用差别较大。由于内隐领导原型的文化嵌入性，20 世纪 90 年代我国学者凌文辁和方俐洛（1991）编制中国领导特质因素量表（CPM 模型），开始内隐领导原型测量的本土化研究：他们指出中国人期望的理想领导应该具有个人品德、目标有效性、人际能力以及多面性四方面特质；林琼（2003）对 CPM 模型进行了重新验证：发现随着时间推移（1993~2003 年 10 年间）中国人的领导期望并未改变，但特质维度的内容和重要程度发生了变化；最近一次 ILT 测量来自卢会志（2008）的研究：正向领导原型包括品德因素、人际敏感性、工作内驱力、工作感召力和智力因素；负向领导原型包括吸引力、专制和男性化。

（2）内隐领导作用机制的研究

内隐领导作用机制的早期探索在实验室环境下完成，而后以组织情境的实证研究为主，检验正向/负向内隐领导原型的代表性是否以及如何影响下属工作态度和产出，包括任务绩效、组织承诺、工作满意度、工作幸福感等。研究结论普遍支持正向领导原型的积极作用，即当领导者与下属感知的理想领导形象符合程度高时，下属更愿意接受领导的影响，并取得更高的工作评价和结果；但对负向领导原型的消极影响存在分歧，例如Junker 等（2011）发现：现实领导者表现出较多的负向特质时，下属工作满意度并未显著变差。中介效应主要从社会交换理论视角加以解释，认为在领导成员交换关系形成过程中，关系双方自动采用认知加工方式的"默认值"，即内隐原型对对方进行归类：领导者行为特质与下属期望越接近，下属自身"圈内人"知觉越明显，态度和行为越积极；还有部分学者尝试从领导风格角度加以理解，比如 Epitropaki（2000）发现，符合期望水平的理想领导者的行为模式更接近于变革型领导，所以领导效能更高。调节效应的探索集中在个体特征因素方面，如下属性别、人格等。Weidner（2012）发现女性比男性更加感性和敏感，具有典型正向特质的领导者对女性的积极影响更大；而个人动机更高的人更加务实，受负向特质的消极影响更小。

1.2.2 积极追随力的相关研究

（1）积极追随力理论发展及研究趋势

追随作为一种行为方式，早已渗透在人们生活中，但是受思维定式和偏见的影响，此前并未被重视，直到 20 世纪 90 年代才被学者们关注。西方追随理论主要围绕追随者、追随行为、追随力三条主线递进展开，其中追随力是当前理论研究的主题构念。随着积极心理学的兴起，Kelley（2008）发现追随力具有积极和消极两种属性，它们的形成机制以及影响效果并不相同：消极追随力是下属"被动""服从"等防御行为和脆弱人际关系共同作用的结果，对组织发展贡献非常有限；积极追随力来源于有效的追随者。他们具有独立、批判性思维、承担责任的勇气，敢于提出建议，积极推动组织变革，是组织生存和发展不可或缺的动力。目前，西方学界对积极追随力的研究主要有两大取向：研究哪些因素导致不同层次积极追随力的形成；积极追随力通过怎样的机制建构领导效能以及塑造领导者行为。我国传统文化对积极追随力关注较早，比如《贞观政要》"水能载舟亦能覆舟"就是对积极追随力价值的一种认识。然而，将积极追随力作为一个科学命题来研究从近几年才开始，内容集中在三个方面：综述国外理论传播研究成果；积极追随力的测量；领导视角下积极追随力的研究。国内成果以思辨性居多，实证研究较少；借鉴西方范式多，基于本土国情少（许晟，2018）。纵观整个过程，积极追随力是追随理论研究的前沿领域，具有旺盛的发展生命力，诸多内容有待进一步探索。

（2）积极追随力的内涵与测量

积极追随力概念界定形成了五种观点：特质观将积极追随力理解为追随者与领导者互动过程中所表现出来的追随特质（原涛和凌文辁，2010）。能力观视积极追随力为追随者有效执行工作指令，配合领导完成工作的能力（Bjugstad 等，2006）。行为观认为，积极追随力是个体尽心尽力为完成领导布置的任务而采取的积极行动（Townsend-Uebhart，1997），包括勇于承担责任、服务、挑战、变革等（Chaleff，2009）。权变观则认为，积极追随力是领导者、追随者和情境因素三者互动函数（Castern，2010）。系统观整合以上四种观点，将积极追随力看成追随者在拥护领导并努力实现共同目标过程中所表现出的积极特质、行为和关系特征的综合体（刘毅、彭坚和路红，2016）。关于积极追随力的测量，国外方面，Kelly（1992）编制追随风格测量问卷，从积极参与和主动思考两维度识别有效追随者；Dixon（2003）开发了 TFP 量表，从五种勇敢行为测量积极追随力。国内方面，曹元坤、许晟（2013），王硕（2011），周文杰等（2015），刘毅等（2016）在西方研究基础上，开发了不同维度的积极追随力本土量表。但总体而言，关于积极追随力测量，国内外尚未发展出具有较高认可度的测量工具。

（3）积极追随力形成机制的研究

积极追随力是个体的能动反应，哪些因素会对积极追随力产生较大影响？从前因和调节变量来看，可以归纳为个体因素和情境因素两类：个体因素包括员工的人格、知识量、能力水平、价值观念以及动机等内在因素。比如，Padilla 等（2007）从人格角度入手，发现外向型的人比内向型的人更易与领导达成共同的自我概念、相似的主观感知和同向的利益诉求，因而更容易产生积极追随力。Green（2000）从能力和知识角度考虑，指出知识量大、能力强的人自信心强，积极追随力也强。Leroy 等（2015）从动机视角考察了员工内在动机强度以及真实型领导对积极追随力的交互影响，指出内在动机会增强真实型领导对积极追随力的积极作用。情境因素方面，领导对下属积极追随力的影响最为直接，学者们探索了不同领导风格（如真实型领导、仁慈型领导以及变革型领导等）对个体积极追随力的影响；也有学者从领导者行为的角度来研究，如丁桂凤（2013）指出，领导者的不当监督会减弱下属积极追随行为；而冯彩玲（2014）则探索了企业家导向和变革型领导对员工追随行为的交互影响。此外，组织的人际关系（程敏，2015）、权利距离（张蕾，2012）、政治氛围（李焕荣和张建平，2015）等组织特征因素也会影响员工积极追随行为。

对于中介效应的探索，早期学者从社会交换理论入手，认为领导者和有效追随者之间是一种互惠互利的关系，积极追随可以使双方满足各自期望并得到更多利益，所以选择 LMX 作为解释变量。然而这种观点过分夸大了外部因素刺激对于积极追随的影响，正如 Dr. Robert Sevier（1999）的一段论述，"领导者与有效追随者之间有一些给予和舍弃，必须相互尊重和信任，同时他们必须有一个共同的方向"。所以，后来学者们普遍强调员工内在心理因素的桥梁作用，选择"情感"路径来解释。例如，张璐（2016）探讨了下属信任在真实型领导与下属积极追随力间的中介作用；Dana Yagil（2014）指出真实型领导会促进积极情绪的产生进而赢得下属真实的追随行为。

1.2.3 创业情境下领导理论的相关研究

有效领导是创业企业成功的基础（Hmieleski 和 Ensley，2007），那么何种领导风格才是创业企业最合适、最有效的方式呢？部分学者尝试从新型领导理论中寻找答案，研究不同类型领导（自恋型领导、交易型领导、变革型领导、精神型领导以及战略型领导）在创业情境下是否有效，但相关研究结论存在诸多分歧和冲突。比如，郭晓（2011）发现中国文化背景下，交易型领导比变革型领导可以更好地引导下属发生目标行为，提升创业企业绩效；而崔凯峰（2011）实证发现，交易型领导会抑制创业成员的探索式学习，与创业企业成长呈显著负相关。这些分歧产生的一个重要原因在于新型领导理论根植于科层组织与官僚式的上下级关系，与创业情境中动态环境，扁平化、网络化的组织结构以及上下级共生关系等特征并不匹配。

部分学者认为，创业型领导才是创业企业的理想之选。创业型领导最早由 Ireland 和 Hitt（1999）提出，后续研究形成了"能力观"和"行为观"两种理解。前者认为创业型领导是领导者进行战略性资源整合以强化机会与优势识别，并提升组织长期财务绩效的能力（Covin 和 Slevin，2002；Rowe，2001）；而后者将创业型领导定义为通过主动创造愿景，发现和创造战略价值，并动员和赢得下属支持的行为（Gupta，2004）。杨静（2012）主张整合"能力派"与"行为派"，丰富其内涵。国内外相关实证研究发现，创业型领导对新创企业的创新、财务以及成长绩效具有正向影响。尽管如此，不少研究仍然暗示了根植于西方文化的创业型领导并非针对中国创业企业和团队的"领导妙药"，其瓶颈表现在两方面：一是创业型领导过多强调创业者对环境动态性的胜任力，领导者具备这些胜任力能够保证创业团队短期绩效，但是从长期来讲，尤其当创业团队处于逆境时，其有效性受到巨大挑战；二是创业型领导追求创业"利益至上"，其内涵并不包含本土创业过程中创业者需要的商业伦理以及道德方面的特质，这使得它难以赢得本土下属的积极追随力，乐视创始人贾跃亭出逃美国事件也很好地佐证了这一点。

1.2.4 创业型领导理论

随着时下创新创业的浪潮，创业型领导作为领导力和创业精神相结合而提出的一种新型领导方式，受到广泛的关注。目前，关于创业型领导内涵的界定，并没有统一的说法，最广泛认可的定义由 Gupta 等提出：创业型领导是通过创造愿景来动员和号召下属等方式，对企业管理的战略价值等进行探索和开发的领导方式；强调创业型领导在进行价值创造过程中，应当积极构建共同愿景，整合可利用资源，创造机会，发掘下属潜能等获取下属的支持；除此之外，创业型领导还需要具备战略思维，结合企业现下的内外部环境引领组织持续变革和创新，提升绩效，从而实现企业目标。随后 Roomi 等认为，创业型领导是通过构造并传达愿景来获得团队的认同，并以此作为发展契机，抓住机会来获得竞争优势。Renko 等则认为，创业型领导需要通过影响和指引组织成员的行为来实现组织目标。包括创业机会的识别和开发。而中国情境关于创业型领导的研究，大致可以概括为由"战略前瞻、创新激励、整合资源、化解风险"四个维度组成，体现创业型领导在应对不确定环境下的影响力（李朔等，2020）。总体而言，国内外学者对创业型领导内涵的界定还没有达成一致，但综观上述定义，可以看出学者普遍认同"对机会的识别和开发"是创业型领导的重要特征。

基于各学者对创业型领导的描述，可以看出，目前学术界对于创业型领导的研究主要从两个方面进行。一是特质视角，认为创业型领导主要包含愿景、承担风险、创新、机会识别以及意志坚定等内容（Nicholson，1998；Kuratko，2007）。二是过程视角，认为创业型领导被理解为领导者通过自身行为来激发他人的内在动机，从而引领组织实现机会的识别、开发，并最终转化为价值创造的过程（Ireland 等，2003）。

特质视角下的创业型领导研究从领导者本身出发，研究兼具创业和领导者身份的创业者本身所具备的特质。例如，抗压、坚定、改革、冒险、承担风险等（Nicholson，1998；Kuratko，2007）。但这种归纳方式有一定的局限性。该视角的研究停留在对创业精神和领导力交叉部分的描述上，并且归纳的特质不具有独特性，一些特质在其他类型的领导力上仍然可见，并且未真正将创业者和领导者的身份融合进行深层次的分析（Harrison 等，2015）。而过程视角下的创业型领导界定摆脱了局限于领导者单方面的不足，从组织创业活动中领导者与追随者的互动过程出发，体现的是创业型领导实现成功创业的领导过程，强调机会识别与开发这一核心特点，突出了创业型领导同时作用于组织和个人层面的独特性（Roomi，2011；Renko，2015）。

事实上，两种视角下的创业型领导概念总结各有侧重和缺陷，在研究创业型领导的过程中，既不能忽视创业型领导在领导过程中展示出的特质，也需要注重其在创业活动中的作用过程。因此，结合上述关于创业型领导的研究，本书倾向于认可 Gupta 的定义，认为创业型领导在企业组织规划、决策落实、动员员工等方面的任务。为了完成这些任务，领导者必须勾画组织蓝图并获得员工认可，设定自身在公司创业过程中的能动角色，动员下属投身于公司创业，实现组织的创业目标。本书将创业型领导定义为基于创业视角的领导行为。可以界定为：领导者基于自身对市场变化独特的洞察能力构建一个具有建设性的愿景，通过成功的创业行为和敢于承担风险的精神来获得追随者对此愿景的认同，进而营造积极的组织创业氛围；利用成功的创业活动来提升组织竞争力，以应对不确定的环境，最终实现组织可持续发展的领导行为（王弘钰和刘伯龙，2018）。

随着创新创业活动不断增多，创业型领导越来越多地受到学者关注。创业型领导由创业和领导方式研究交叉组成，是创业精神、创业管理和创业导向与领导力的融合，其整合了创业研究、组织行为研究和领导研究的全新领域。国内外学者不断地对创业型领导进行研究，但是关于创业型领导的定义并未形成统一的、被高度认可的认识。通过各学者研究，总结出两种不同的解释创业型领导内涵的理论：一种是"特质视角"，对创业型领导的描述主要集中在领导者特质上，指出创业型领导主要包含愿景、承担风险、创新、机会识别以及意志坚定等内容；另一种是"过程视角"，在这个视角下创业型领导被认为是下属的内在动机由领导者行为来激发，进而引导组织实现机会的识别与开发，最终将机会转化为自身和组织创造价值的过程。

基于以往学者的研究，Gupta、MacMillan 和 Surie（2004）将组织行为和领导方式的理论结合在一起，认为创业型领导可以定义为领导者主动向下属创造愿景，动员和激励下属专心开发和创造组织价值，并获得下属承诺的一种领导行为；强调领导者面临着创造价值过程中所需要的调动和获取资源的挑战，通过采取战略性的创业方式，使创业获得持续发展的能力，持续创造和利用价值；实现这一目标需要设立愿景以及一批意愿追随者；这一定义在学术界被广泛赞同和应用。Kuratko（2007）认为创业型领导包括机会识别、不确定下的风险承担以及足够果断和坚定的意志。Kuratko是站在特质视角上去解释创业型领导的定义。Leitch 和 Volery（2017）认为创业型领导并非一般意义上的企业家的领导风格，而是一种在创业企业中运行的领导角色。

总而言之，关于创业型领导的概念还未形成统一的定义；尽管 Gupta 等的定义赢得了广大学者的认同，但是关于创业型领导的概念研究尚处于起步阶段。本书借鉴 Gupta 等（2004）的研究将创业型领导定义为"创造具有远见的愿景，激励员工创造价值并赢得员工的支持，投身于开发和创造具有战略意义的组织价值"。依据本书讨论的关于创业型领导定义，可以认为创业型领导不仅局限于创业型企业中的管理者和领导者，具备相同行为特征的职业经理人也可以是创业型领导者。

Gupta 等基于 MacMillan 和 Surie（2004）的研究提出了一个创业型领导理论框架，也就是二角色五维度模型：五个维度分别为构建挑战、缓冲变数、厘清路径、建立承诺和阐明约束。构建挑战是指描述一个具有挑战性但可以实现的结果；缓冲变数也可以称为不确定性吸收，是指承担未来失败的责任；厘清路径是指与反对者进行谈判并澄清情景实现的路径；建立承诺是指建立一个令人鼓舞的目标；阐明约束是指明确什么事情能做，什么事情不能做。

Slevin 和 Covin（2002）研究创造的创业型领导心智六特质模块，主要倾向于组织领导者的思维模式和认知心智：六特质分别为孵化创业的能力，即重视和培育创业的能力；"破坏式创新"变革商业模式的能力，即感知和使用能力；机会识别的能力，即充分看到机会的价值；审视现行主流商业模式的能力，即重新思考现行商业模式的能力；反思"貌似简单问题"的能力，即重视关键性因素，不忽略细微差异；将创业与战略结合的能力，即同时注重创业和战略管理。心智六特质模型仅将创业型领导的"创业"特质突出，未能将树立愿景、激励员工、协调资源等包含其中。

杨静（2013）对女性创业型领导进行了研究，提出将女性创业型领导划分为心智变革、创新培育、风险掌控、关系整合、母性关怀及感召亲和六个维度；利用女性视角研究创业型领导，为创业型领导研究展现了不一样的角度。由于性别局限于女性，其适用领域同样也受到了限制。

1.2.5　现有研究述评

综上所述，已有文献为揭示内隐创业型领导与积极追随力之间的互动关系奠定了基础。但无论是新型领导理论，还是创业型领导理论都难以系统刻画本土创业传奇英雄的特征；而内隐领导和积极追随力作为两个"年轻"的研究领域，现有文献亦没能清晰阐释两者之间的关系，诸多问题有待深入探讨。

（1）内隐创业型领导的结构需要进一步挖掘

学者们（Junker 和 Dick，2014；Foti 和 Hansbrough 等，2014）一致呼吁将内隐领导理论延伸到不同文化和组织情境中去。内隐创业型领导作为内隐领导理论与本土创业领域融合衍生出的新构念，其结构与本土追随者独特的领导图式一致，超出了现有领导原型刻画的范畴：首先，现有内隐领导原型是对特定文化下不同群体领导图式"交集"的一种反映，群体图式之间差异被忽略；然而当具体到创业情境时，差异的影响就被放大。比如，相比成熟期企业，创业追随者普遍认同领导应该具有更高的冒险性，但冒险性并未包含在已有任何领导原型（Peterson 等，2008）中。其次，国内 ILT 相关测量工具开发时间较早，最近研究距今也有 9 年以上，而这一期间中国社会文化和价值观都发生了一定变化，加之当前中国创业领域年轻化特点突出，80%的创业追随者都是新生代，作为创业中坚力量的他们与前辈的价值观出入较大，对理想领导认知也不同（崔传刚，2019）。比如，陈佳（2012）发现新生代追随者更偏好幽默和外在魅力强的领导者。因此，研究内隐创业型领导与积极追随力的关系需要明晰本土创业情境下追随者的领导图式，揭示内隐创业型领导的结构。

（2）内隐创业型领导与积极追随力互动机制有待深入探索

首先，由于显性领导理论对积极追随力形成机制研究陷入了丛林困境，不少学者提倡内隐结构视角，其稳定性强，更能体现积极追随的主动性和能动性。Uhl-Bien（2014）也将内隐理论列为追随力的潜在解释变量，然而学者们并未证明这种潜在联系是否真实存在。其次，已有研究对个体积极追随力形成中介效应的解释框架要么过于强调外界利益驱使，要么过于强调内在心理需求。根据信息加工理论，个体对领导图式信息加工的心理历程相当复杂，因此现有两条解释路径都不能很好地阐释内隐创业型领导对积极追随力的作用过程。所以，需要借助新的理论和解释框架，打开内隐创业型领导激发个体积极追随力的"黑箱"。此外，追随者特质和行为对领导者的影响是国外追随理论关注的重点，但是下属积极追随力能否将创业者塑造成他们理想中的"英雄"以及背后的心理机制，在已有研究中并未涉及，需要进一步探索。

（3）团队层面积极追随力的研究欠缺，跨层次影响机制尚不明确

目前，积极追随力形成机制的研究主要集中于个体层面，团队层面的探索极为匮乏。Martin（2015）提出"要从深度拓展追随力研究，将其推进到更高的层面上"。Uhl-Bien（2014）也指出团队追随力是未来追随理论发展的一个重要方向。就创业企业而言，要应对外部动态化环境和持续创新压力，不同特点下属的集体追随必不可少。与其他多层次构念相似，团队积极追随力的形成，并非个体积极追随行为的简单相加，而是具有自身独特的形成规律：就内隐领导视角来看，"领导者与团队互动的过程中，内隐创业型领导能否激发团队的积极追随力？"，"如果可行，团队认知的过程又是怎么样的？"等问题都需要进一步研究。相反，"团队层面的特征，如团队氛围、团队工作特征等会对个体积极追随力产生何种影响？"，其对应的跨层次作用机制也需进一步阐明。

（4）中国创业情境下追随力研究数量有限，"本土特色"有待进一步挖掘

诸多学者（许晟，2013；原涛和凌文辁，2010）都将本土化研究看成是追随力理论拓展的重要方向。然而，中国创业情境下追随力的研究十分有限，研究内容对"本土文化"的挖掘也不深入：所谓"本土"仅体现在追随力的测量及内容上，对于形成机制的分析基本是套用西方理论已有的模型和框架，应用中国组织员工的数据去验证，且中介变量以及调节变量的选择与西方理论同质化较高；这不仅限制了理论对中国创业管理实践的指导作用，也引起某些结论的分歧。因此，要真正揭开创业积极追随力形成机制的"黑箱"，必须突破西方研究框架，结合中国本土文化与创业情境两方面特点，重新选择中介及调节变量进行关系阐释。

2

内隐创业型领导的提出

2.1 内隐创业型领导的内涵与结构

　　内隐创业型领导强调，领导者通过表现出与创业追随者内心理想领导相似的行为特征，影响追随者的态度和行为，以应对动态创业竞争环境；其结构与创业追随者独特的领导原型一致：中国创业追随者领导原型融合了中国传统文化、时代价值观以及动态创业情境三方面特征，是内隐创业型领导影响力和独特性的来源，也决定了内隐创业型领导是一个多维构念；西方创业追随者主要以创业胜任力来刻画领导原型。但中国文化强调经商与为人统一，比如"让利于民""富而好德"等，要求领导满足"做人"和"做事"的双重标准（张晓军等，2017；吕力，2019）。中国人特有的认知结构决定了本土创业追随者从"道德"和"胜任"两方面设立标准，对领导者行为的有效性进行判断。所以，本书认为内隐创业型领导包括"内隐创业修身"和"内隐创业胜任"两个维度，具体结构如图 2-1 所示。

　　"内隐创业修身"反映了创业追随者对领导者教化以及向内养成等"为人"方面的期望，具有浓厚的历史、民族、文化色彩。中国传统文化内核是儒、释、道，三者互补互融建构了社会对领导自我修养的标准（辛杰和兰鹏璐，2018）。与儒、释、道三种价值观相契合，内隐创业修身内容可以细分为德性、智性、中道。"德性"源于儒家，要求领导者能够内

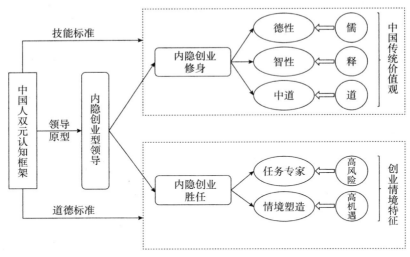

图 2-1 内隐创业型领导的预期结构

化"信、仁、义"等道德标准，并按照这些准则去互动（胡国栋和王天娇，2019；段锦云、徐悦和郁林瀚，2018）；"智性"源于释家，要求领导者自觉自省，不断地学习，进行自我反思和改进（辛杰和兰鹏璐，2018）；"中道"源于道家，要求领导者能够平衡处理好各方利益，包容下属的多样性和差异性（张党珠、王晶和齐善鸿，2019）。

"内隐创业胜任"是追随者对上级在专业化管理活动中扮演角色的期望，具有情境相关性。创业情境（Entrepreneurial Context）的最大特点在于高不确定性，其背后是机遇与风险并存（林嵩，2012）。创业风险会激发本土创业追随者的心理安全需求，他们期望领导者在识别机会、创造商机以及规避风险中展现出更多的专家权力和创业技能（林嵩和刘小元，2013），化身为为组织遮风挡雨的"大伞"。创业机遇会激发下属的成就需要和成长动机，本土创业参与者不甘心仅作一个执行者和旁观者，他们期望领导者能够创造共同愿景和创业导向环境，引导并支持他们实现自我价值（段锦云、王朋和朱月龙，2012）。针对创业情境下本土追随者对领导的双重期望，本书认为内隐创业胜任包括任务专家和情境塑造两个维度，与 Gupta 等（2004）提出的创业领导的"愿景设定"和"角色设定"具有一致性。

参考 Siddiqui（2007）、杨静和王重鸣（2013）的研究，"任务专家"强调领导者在微观层面应对不确定性的能力，表现为机会识别、思维创新以及风险掌控三方面行为特点：机会识别是指领导者对周围的环境和信息具有敏感性和洞察力，善于发现新机会；思维创新指领导者对于商业价值的创造具有自己独特的认知和一定的前瞻性，善于质疑和反思现有商业逻辑，保护现有商业模式中破坏式创新的部分，创造新商机；风险掌控要求领导具备高的心理素质，有承担风险的勇气和责任感，能果断决策把握机会。

内隐创业胜任的另一个维度是"情境塑造"，强调领导者在宏观层面上具备构建价值观认同、激励下属，满足其高层次需要的能力，具体包括构建"共生愿景"和培育"创业导向"两个子维度（王弘钰和刘伯龙，2018；Koryak 等，2015；Leitch 和 Volery，2017）：共生愿景构建要求领导者能够将组织愿景与个体职业目标相融合，将创业目标转化为下属的共同事业，使领导者与追随者形成利益共生体，持续激发下属为组织愿景贡献热情；创业导向培育要求领导者鼓励追随者积极承诺并践行创新实现组织目标，包括为追随者提供更多合理授权和共享信息，鼓励下属改变心智模式、尝试新方法。

综上所述，内隐创业型领导作为本土创业追随者独特领导原型的一种映射，是传统儒、释、道价值观以及创业情境管理技能高度融合的产物。该领导方式下，领导者以德性、智性、中道作为为人处世的基本原则，通过扮演"任务专家"和"情境塑造者"两种角色，获取下属的认同，激发下属变革心智模式和主动性，最终实现下属个人成长和组织愿景。

2.2 内隐创业型领导与其他领导方式比较

已有研究从显性领导视角探索创业情境下的领导效能。那么，内隐创业型领导内涵与已有显性领导是否存在显著差异？与国内外的已有典型领导原型又有哪些区别？对此，本书通过三方面比较，揭示内隐创业型领导内涵的特点：

第一，与中西方文化下典型的领导原型比较。现有内隐领导原型是对特定文化下不同群体领导图式"交集"的一种反映，群体图式之间差异被忽略；当具体到创业情境时，这种差异的影响就被放大。比如，相比成熟期企业，创业追随者普遍认同领导应该更加准确地识别和开发机会（Ruvio、Rosenblatt 和 Hertz-Lazarowitz，2010），但这一特点并未体现在已有领导原型中。因此，内隐创业型领导超出了现有内隐领导原型刻画的范畴，具有明显的组织情境匹配性。

第二，与相关显性领导模式比较，本书选择家长型领导和变革型领导作为参照，分别代表东西方文化下创业情境下最受推崇的两种领导。①与家长型领导的比较。家长型领导通过威权、仁慈与德行来影响下属（樊景立和郑伯埙，2000）。德行和仁慈在当前价值体系中具有高认可度，但是树立权威使下属敬畏顺从，与内隐创业型领导构建共生关系相悖，与内隐创业型领导通过自我修养和专家权利影响下属的方式亦有所差异。②与变革型领导的比较。变革型领导产生于西方文化背景，与东方人对"理想领导"的认知存在一定差异。尤其是领导者的道德伦理，变革型领导并不将其作为自身行为的"必选项"，也不会在与下属互动中贯穿始终（Kim 等，2015）。然而，内隐创业型领导更加注重德行为先，并将其作为影响力的基础来源。此外，变革型侧重于组织内不同完善（Avolio 和 Bass，1995）；而内隐创业型领导更关注组织战略发展（Cardon、Wincent、Singh 和 Drnovsek，2009），其核心是在纷乱变化的环境中寻找创业机会。

第三，与创业型领导比较。两者内容都包含了与创业环境特点相匹配的领导行为，但仍然存在本质差异：首先，创业型领导是一种"任务导向型"的领导，其结构和维度围绕着创业活动中战略和操作层面的关键要素构建；追随者只是被动执行，是一种自上而下的领导模式（Renko 等，2015）。内隐创业型领导属于任务和关系兼顾型的领导，它将追随者的认可和行为看成是影响创业成功的决定因素，是一种自下而上的领导模式。其次，创业型领导是一种追求创业"利益至上"的领导方式，并不包含创业者需要的商业伦理以及道德方面的特质（Freeman 和 Siegfried，2015）。内隐创业型领导受中国传统文化潜在的精神力量的影响；更多地将"商"

视为"治国、平天下"的一种技巧或手段，将"修身"等商业伦理视为创业立世的内核，倡导通过"德行"实现自我价值和社会影响。由此可见，内隐创业型领导与创业型领导的内涵、结构以及影响力产生的机理都存在较大差异，是两个不同的概念。

综合以上分析，本书提出以下假设：内隐创业型领导与本土创业追随者独特领导原型具有内在一致性，表现为"内隐创业修身"和"内隐创业胜任"的双元结构；与已有领导不同，是一个新的独立概念。

3
内隐创业型领导测量工具开发

3.1 开发整体思路

  通过对以往研究的相关文献梳理，发现内隐领导理论和创业型领导理论都存在不足：内隐领导理论没有体现创业情境，且对前提条件没有设定；而创业型领导理论没有体现中国传统文化中的伦理道德标准。因此，它们都没有解决在创业情境下追随者如何通过判断选择理想化领导达到有效领导的问题。本书从追随者视角选择内隐领导理论作为基础，来探索创业情境下的有效领导力问题。本书将对如下问题进行实证研究：①探究内隐创业型领导的因素结构。②建构内隐创业型领导结构评价量表，并对其进行探索性因素分析、验证性因素分析及信度、效度检验。

  内隐创业型领导是一种新的领导方式，本书首先揭示内隐创业型领导的结构并检验其独特性；采用归纳法揭示内隐创业型领导的结构，依照组织行为学惯用的量表开发程序，构建内隐创业型领导的测量工具；并通过与其他领导风格比较，深层次验证内隐创业型领导的独特性。

  该部分研究框架如图3-1所示。

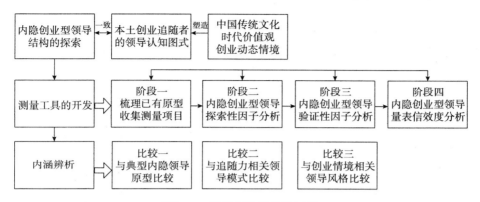

图 3-1　量表开发及检验过程

3.2　定性数据编码

　　本书主要采用问卷调查法收集研究的第一手数据，设置了 9 个问题：其中 4 个基本信息、5 个开放性问题，通过微信、QQ 等社交媒体让追随者填写"如果你在创业的情境下，你最愿意追随的领导是谁（填企业家的名字）？他最吸引你的特质有哪些（做人方面的特质；做事方面的特质）？如果将做人与做事两方面特质进行对比，你觉得做人与做事哪个更重要？"等描述内隐创业型领导特质的词汇。从表 3-1 中可以看出，在年龄方面，创业追随者主要集中在 35 岁以下；在受教育程度方面，主要集中在本科；在单位性质方面，主要集中在民营企业，符合创业的条件和要求。说明第一轮问卷的调查结果具有代表性和典型性。

表 3-1　第一轮数据样本的描述性统计

基本信息	类别	频率	百分比（%）
	25 岁及以下	158	28.30
	26~35 岁	180	32.20
年龄	36~45 岁	97	17.30
	46~55 岁	90	16.10
	56 岁及以上	25	6.10

基本信息	类别	频率	百分比（%）
性别	男	287	51.40
	女	263	48.60
单位性质	国家政府机关及事业单位	35	7.90
	国有企业	68	12.10
	民营企业	314	56.20
	外企	100	17.90
	其他	33	5.90
受教育程度	高中或中专及以下	82	14.60
	大专	159	28.40
	本科	247	44.20
	硕士及以上	62	12.80
合计		550	100

（1）开放式编码

第一轮问卷共收集到 550 份问卷，获得 1654 个词汇，然后根据出现频率进行筛选，最后获得 40 个频次相对比较多的词汇（见表 3-2）。

（2）选择性编码

通过对第一轮问卷中的 40 个词汇进行归纳和合并，抽取关联度较高和出现频率较高的词汇，进一步合并为 36 个核心词汇。

表 3-2　词频统计

原始词汇	频次	原始词汇	频次
果断	277	能够调动士气	79
自信	162	务实	114
冒险	83	前瞻性	95
正直	105	靠谱	65
创新	69	高情商	67
有远见	136	良心	22
聪明睿智	151	学习能力强	36

续表

原始词汇	频次	原始词汇	频次
有想法	96	认真	61
有规划	142	努力	37
有责任心	76	知人善任	144
诚信	121	坚强	92
仗义	86	公平	24
宽容	152	自我批评	21
人品好	92	有号召力	142
善于分享	87	善于把握机会	98
热心	90	充满激情	135
有同情心	103	能力强	147
眼光独特	97	善于组织协调	85

3.3　理论框架构造

　　内隐创业型领导是在创业情境下追随者对于领导者应该具有特质和能力的期望与假设。追随者在头脑中形成关于理想领导行为与特质的标准，然后根据领导者真实行为与内心理想化标准匹配程度来判断领导是否有效，并决定自己是否追随领导者。通过以选择性编码所抽取的核心特征词为基础，参考内隐创业型领导的内涵，整理构建内隐创业型领导的构思模型。追随者对评价创业领导者的原型包括36个特质，根据核心特征词汇之间的近义词程度，可以进一步梳理，分别对应任务专家、情境塑造、德性、智性、中道5个行为维度，如图3-2所示，其中，隶属维度1表示任务专家，隶属维度2表示情境塑造，隶属维度3表示德性，隶属维度4表示智性，隶属维度5表示中道。

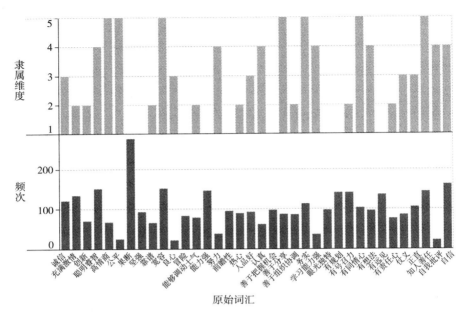

图 3-2　核心特质与行为维度对应关系

（1）任务专家

内隐创业型领导能准确地把握市场，敏锐地发现商机并抓住机会，同时能为企业规划一个比较清晰的发展前景和方向。任务专家主要包括机会识别、思维创新以及风险掌控 3 个子范畴：首先，在创业情境以及类创业情境下，领导者需要时刻关注外部环境变化，及时获取各种信息和资源，综合判断复杂竞争中的商业机会。同时还要对机会进行分析评估/判定其对企业未来发展的影响。正如优衣库创始人柳井所言，伟大的企业都是因为解决了一个巨大的社会矛盾。对于创业企业也是如此，开创新事业，必须建立在行业痛点基础上；创业企业能够持续做好做大，就要求这个痛点要足够大、足够深，要解决社会问题。因此，机会发现就成为内隐创业型领导必须具备的行为特征和素质。其次，在瞬息万变的商业环境中，创业者需要利用创新思维应对突如其来的变化。创新思维是创业者以及领导者开拓新领域、发展新事业、解决各种矛盾和问题的助推器，在某些时候对创业活动局面以及状态有决定性影响。最后，创业被认为是九死一生，其高风险和不确定性贯穿始终。因此不少学者认为，冒险性是创业者以及创业型领导必备的特质；但是，大量实践证明，这一结论并不成立：事实上，成功创业型领导者绝对不是善于冒风险的人，而是善于掌控风险的人，因为风险和收益几乎从来不成正比，它们之间存在一个变量，那就是能力，能力越强，风险越小。一个人能力越强，掌控的资源越多，他承担风险的能力就越高。因此，内隐创业型领导要有前瞻性，把握企业的发展方向，控制潜在威胁和已经形成的危机。

（2）情境塑造

内隐创业型领导通过多种途径和方式来消除工作中的障碍，给员工提供帮助和支持，增强员工信心和积极性。敢于承担风险是创业领导者必须具备的能力，在创业的过程中会不可避免地遇到风险和危机，领导不仅需要敢于面对风险、危机的勇气，还必须具备规避、控制风险的能力以及处理危机的能力；比如在实施创业活动的过程中，创业领导者会遇到经营成本风险和人员流动风险。

（3）德性

领导者个人的道德品质方面。创业者或者上级拥有良好的品德可以增强自身的吸引力，可以吸引更多的追随者，同时也会得到追随者的认可和崇拜。根据编码发现德性主要包括正直、宽容、守信用、有同情心、乐于助人等子范畴。领导者的道德品质能够增强企业的影响力，可以提升企业的信誉，同时还可以塑造企业文化。德性是一种无形的影响力，潜移默化地熏陶着追随者。

（4）智性

内隐创业型领导的知识丰富程度以及解决问题的聪明智慧。根据问卷调查回收的数据分析，追随者期望领导者不仅要有良好的教育背景、知识渊博，而且做事还要有主见、聪敏睿智。

（5）中道

内隐创业型领导强调做事不偏不倚，处事公平，能够把握分寸，处理事情恰当合理。领导者在面对追随者有不同意见时，综合考虑各个方面的利益和要求，以大局为重，同时尽量兼顾各个方面的利益，维护成员团结和团队凝聚力。

3.4 初始量表形成

本书采用扎根理论分析方法，确定内隐创业型领导构思的核心维度和子维度，这为量表开发工作奠定了坚实的理论基础。根据扎根理论抽取词汇结果编写内隐创业型领导条目，与以往文献进行比较验证，编制出由 22 个行为条目组成的原始版量表（见表 3-3）。

为了减少测量量表题项语言描述不准确所引起的被试理解歧义，本书还邀请了 4 名相关领域研究学者以及 10 名公司中高层管理者对问卷题项进行修订，对其中不太符合汉语表述习惯的项目在措辞上作了少许改动；最后形成的内隐创业型领导测量有效题项及对应编码如表 3-3 所示；该量表由 22 个条目组成，各变量题项均采用 Likert 5 点量表进行测量，以此衡量样本对于各问题的同意程度，1~5 分别代表"完全不同意"到"完全同意"。

表 3-3 初始问卷及项目编码

核心维度	编码	行为条目
任务专家	Q1	上级善于控制风险，减少企业的不确定性
	Q2	上级眼光敏锐，善于发现新机会
	Q3	上级对行业发展前景有一定预见和前瞻性
	Q4	上级敢于质疑现有商业逻辑，善于创造新机会
	Q5	上级能够果断决策，把握新机会
情境塑造	Q6	上级经常引导下属将职业目标与组织远景相结合
	Q7	上级善于持续激发员工对单位目标的承诺
	Q8	上级与员工是一个利益共同体
	Q9	上级善于从多种途径为员工任务消除障碍，比如提供授权或者信息等
	Q10	上级经常鼓励下属在尝试中创新
	Q11	上级善于鼓舞人心，激发下属信心

续表

核心维度	编码	行为条目
德性	Q12	上级具有契约精神，保持信念和行为一致性
	Q13	上级善于"让利于民"，心系下属
	Q14	上级懂得克制利己欲望，先人后己
	Q15	上级懂得尊重他人
智性	Q16	上级常常反思自我
	Q17	上级善于学习，提升自我
	Q18	上级对自己优势和不足具有充分认识
中道	Q19	上级善于权衡各方利益
	Q20	上级接受和欢迎下属的多样性
	Q21	上级能够把握分寸，处理事情恰当合理
	Q22	上级积极维护团队和谐

3.5 探索性因子分析

3.5.1 第二轮数据收集

以"内隐创业型领导初始量表"为基础，本书收集相关数据来揭示并验证内隐创业型领导构念的结构。为了保证足够的数据规模，本书采用了实地调研和网上问卷调查相结合的方式进行收集：笔者联系以往研究的合作单位，由其协助完成企业内部问卷宣传及发放工作；充分利用自身朋友圈、往届毕业生等校友资源，由他们协助完成其所在单位知识型团队绩效问卷的宣传、发放和收集工作；此外，还委托问卷星和问卷网两个调研平台按照指定规则收集一定量的样本数据，采用线上和实地结合的问卷调查方式，进行大范围的问卷收集，最终回收503份有效问卷。第二轮调查问卷的基本信息见表3-4。

表 3-4 第二轮调查数据基本信息

基本信息	类别	频率
年龄	25 岁及以下	163
	26~35 岁	163
	36~45 岁	87
	46~55 岁	62
	56 岁及以上	28
性别	男	237
	女	266
单位性质	国家政府机关及事业单位	50
	国有企业	102
	民营企业	243
	外企	80
	其他	28
教育背景	高中或中专及以下	76
	大专	104
	本科	280
	硕士及以上	43
合计		503

3.5.2 初始量表的信效度

采用 SPSS 22.0 对该量表进行信度分析，结果显示：总体量表克隆巴赫系数（α 系数）为 0.858，各维度 α 系数都在 0.873 以上，说明该量表的一致性很高，稳定性很好。因此，保留该量表的 22 个题项（见表 3-5）。

表 3-5 内隐创业型领导特质量表信度检验

维度	题目数量	被试人数	α 系数
任务专家	4	503	0.893
情境塑造	3	503	0.873
德性	5	503	0.901
智性	5	503	0.897
中道	4	503	0.908
总量表	29	503	0.858

3.5.3　一阶探索性因素分析

通过对第二轮问卷的数据进行效度检验，检验结果如下：KMO 值为 0.870、Bartlett 球形检验近似卡方值为 10523.737，说明样本数据适合进行因素分析。

如表 3-6 所示，样本一共抽取了 5 个因素，这 5 个因子解释的方差占总方差的 77.434%，说明这 5 个因子比较能反映所有的信息。题项 Q3、Q8、Q9、Q13 在所有因子上的载荷都不超过 0.5，予以删除；其余 18 个题项分别隶属于 5 个不同因子。因素 1 共包括 4 个行为条目，反映了追随者对创业领导者发现商机，抓住机会的要求，与内隐创业型领导模型构思中"任务专家"的内涵一致，命名为"任务专家"；因素 2 共包括 4 个行为条目，反映了追随者对创业领导者能够消除障碍和减少不确定性方面的要求，与内隐创业型领导模型构思中"情境塑造"的内涵一致，命名为"情境塑造"；因素 3 共包括 3 个行为条目，反映了追随者对创业领导者的道德品质方面的要求，与内隐创业型领导模型构思中"德性"的内涵一致，命名为"德性"；因素 4 共包括 3 个行为条目，反映了追随者对创业领导者的聪明智慧方面的要求，与内隐创业型领导模型构思中"智性"的内涵一致，命名为"智性"；因素 5 共包括 4 个行为条目，反映了追随者希望创业领导者做事不偏不倚的要求，与内隐创业型领导模型构思中"中道"的内涵一致，命名为"中道"。经过探索性因素分析，得到 18 个题项的新量表。

表 3-6　旋转后一阶因子载荷矩阵

题项	1	2	3	4	5
Q1	0.860				
Q2	0.878				
Q4	0.875				
Q5	0.753				
Q6		0.883			
Q7		0.862			
Q10		0.823			

题项	1	2	3	4	5
Q11		0.834			
Q12			0.843		
Q14			0.820		
Q15			0.794		
Q16				0.796	
Q17				0.808	
Q18				0.827	
Q19					0.813
Q20					0.817
Q21					0.709
Q22					0.884

3.5.4 二阶探索性因素分析

通过第一次因素分析，得出了由 5 个因素 18 个条目构成的内隐创业型领导测量量表。根据本书的研究假设，内隐创业型领导是一个二阶结构，因此这 5 个因子可以概括为两个维度。在第一次因素分析的基础上，本书对有效调查数据尝试进行高阶的二次因素分析。二次因素分析的步骤如下：首先按照算术平均方法，将第一次分析所得出的 5 个维度中每一个因素所包含的条目进行数据合并，然后使用 SPSS 软件进行二次探索性因素分析。在分析之前，先进行 KMO 值和 Bartlett 球形检验：KMO 值为 0.703（大于 0.7），Bartlett 球形检验卡方值为 10523.737，检验显著水平 p 值为 0，小于 0.001，说明量表中变量的相关程度比较高，可以进行因子分析。在探索性因素分析中，采用主成分分析法，根据 Kaiser 准则，我们首先抽取了特征值大于 1 的因素。用正交极大法旋转，以 0.50 负荷量作为取舍点。分析结果表明特征根大于 1 的因素有 2 个，包含了 5 个维度的 18 个条目，因子载荷解释总体变异量达到 72.743%。从表 3-7 可以看出，本书构思由 2 个二阶因子和 5 个一阶因子构成，其中第 1 个二阶因子包含 2 个一阶因子（情境塑造、任务专家），第 2 个二阶因子包括 3 个一阶因子（德性、智性、中道)。

表3-7　二阶探索性因子的结果

一阶因子	二阶因子	
	1	2
任务专家	0.779	0.010
情境塑造	0.799	0.022
德性	0.437	0.678
智性	0.331	0.604
中道	0.424	0.536

3.6　验证性因素分析

3.6.1　第三轮数据收集

第三次问卷发放,重新收集了228份问卷,基本信息见表3-8,其中,35岁以下创业人数占比较高,与创业群体年龄特征相符合;从受教育程度来看,本科人数最多,与目前创业企业从业者的学历一致;从单位性质看,民营企业人数居多,这也符合实际。

表3-8　第三轮调查数据基本信息

基本信息	类别	频率	比例(%)
年龄	25岁及以下	68	29.8
	26~35岁	70	30.7
	36~45岁	44	19.3
	46~55岁	33	14.5
	56岁及以上	13	5.7

续表

基本信息	类别	频率	比例（%）
性别	男	113	49.6
	女	115	50.4
单位性质	国家政府机关及事业单位	30	13.2
	国有企业	47	20.6
	民营企业	115	50.4
	外企	26	11.4
	其他	10	4.4
受教育程度	高中或中专及以下	36	15.8
	大专	36	15.8
	本科	136	59.6
	硕士及以上	20	8.8
合计		228	100

本书对探索性因素分析形成包含 18 个题项的新量表及各维度进行信度检验。表 3-9 给出了内隐创业型领导内在一致性信度检验结果。从中可以看出，该问卷的内在一致性信度较好，内隐创业型领导的总体克隆巴赫系数为 0.722，5 个因素的内在一致性系数分别为 0.890、0.872、0.893、0.899、0.923，由该 18 个条目所构成的内隐创业型领导结构测量问卷的整体和各个因素的内在一致性信度是可靠的，说明本书的特质结构模型和问卷编制达到标准。

表 3-9　内隐创业型领导量表各维度的信度检验

量表	任务专家	情境塑造	德性	智性	中道
0.722	0.890	0.872	0.893	0.899	0.923

3.6.2　分析结果

以收集到的 228 份数据为基础，用 AMOS 21.0 进行一阶和二阶验证性因子分析，结果如图 3-3 和图 3-4 所示。一阶验证性因子分析模型（见图 3-3）的拟合指数为：$X^2/df = 2.871$，小于一般认定的临界值 3；RMSEA =

0.078，低于 0.08 的临界要求；GFI = 0.935、NFI = 0.946、CFI = 0.985，均大于 0.9 的最低水平，表明测量模型拟合良好。因此，内隐创业型领导测量模型包括任务专家、情境塑造、德性、智性、中道 5 个一阶因子。

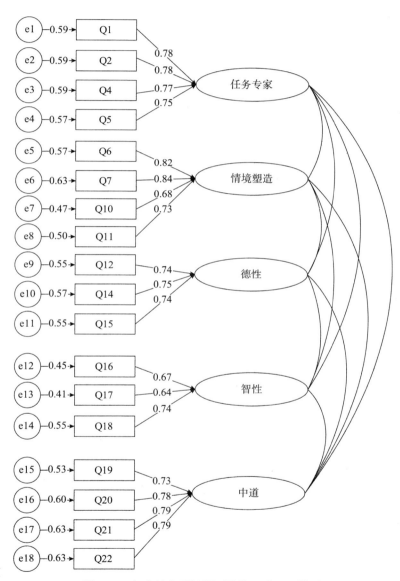

图 3-3　内隐创业型领导测量的一阶因子模型

二阶验证性因子分析模型如图 3-4 所示，模型的拟合指数为：$\chi^2/df = 2.961$，小于一般认定的临界值 3，RMSEA = 0.067，低于 0.08 的临界要求；GFI = 0.946、NFI = 0.966、CFI = 0.986，均大于 0.9 的最低水平，表明测量模型拟合良好。由模型可见，5 个一阶因子聚合成为 2 个二阶因子"内隐创业修身"和"内隐创业胜任"。因此，"内隐创业型领导"测量的二阶因子模型包括"内隐创业修身"和"内隐创业胜任"两个维度。

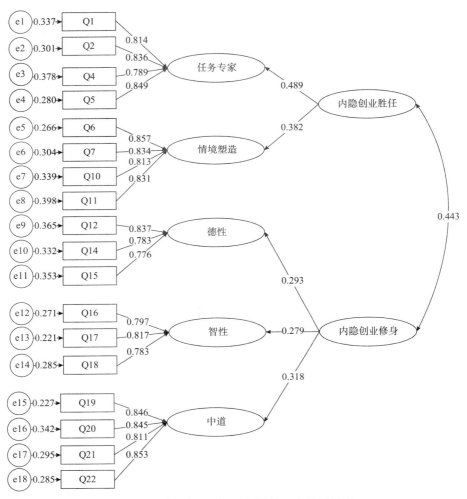

图 3-4　内隐创业型领导测量的二阶因子模型

3.7 正式测量量表形成

本章采用扎根理论、多阶段的问卷调查等研究方法，构建了内隐创业型领导的正式测量工具，如表 3-10 所示。内隐创业型领导测量量表反映了内隐创业型领导是一个二阶 5 维结构，共 18 个题项。内隐创业胜任包括任务专家、情境塑造两个子维度：任务专家对应 4 个题项，情境塑造对应 4 个题项。内隐创业修身包括德性、智性、中道三个子维度：德性对应 3 个题项，智性对应 3 个题项，中道对应 4 个题项。

表 3-10　内隐创业型领导正式测量量表

构念	维度	子维度	测量题项
内隐创业型领导	内隐创业胜任	任务专家	上级善于控制风险，减少企业的不确定性
			上级眼光敏锐，善于发现新机会
			上级敢于质疑现有商业逻辑，善于创造新机会
			上级能够果断决策，把握新机会
		情境塑造	上级经常引导下属将职业目标与组织远景相结合
			上级善于持续激发员工对单位目标的承诺
			上级经常鼓励下属在尝试中创新
			上级善于鼓舞人心，激发下属信心
	内隐创业修身	德性	上级具有契约精神，保持信念和行为一致性
			上级懂得克制利己欲望，先人后己
			上级懂得尊重他人
		智性	上级常常反思自我
			上级善于学习，提升自我
			上级对自己优势和不足具有充分认识
		中道	上级善于权衡各方利益
			上级接受和欢迎下属的多样性
			上级能够把握分寸，处理事情恰当合理
			上级积极维护团队和谐

　　该测量工具为研究内隐创业型领导的结构提供了重要测评工具，为后续实证研究提供了理论基础，同时为领导者提高和培训自身素质提供参考。根据该结构，组织可以得出追随者期望领导者需要具备哪些素质，这些素质有利于领导者进行参考和对照，为领导者提高自身素质提供依据。此外，本部分结论对内隐领导理论和创业型领导理论也是有效的发展和丰富。

第 二 部 分

内隐创业型领导对中国创业追随力的影响

聚焦问题：内隐创业型领导为什么能激发下属积极追随力，它对员工行为塑造会产生哪些影响？

积极追随力形成原因是当前追随力研究的分歧领域，一部分学者认为是利益驱使，强调"利"，另一部分学者强调情感因素，认为是"义"所为，这两条路径都存在诸多不能解释的客观现象。因此，如何寻找更具有说服力视角阐释领导激发多层次积极追随力的心理过程并加以检验，就成为本书需要解决的第二个关键问题。对此，本部分参考 Hogg（2001）提出的"认知–认同–行为"的范式，选择关系认同理论理解积极追随力的形成。该理论综合反映了下属关于"利"和"义"两方面信息加工的结果，且应用层面广泛。此外，还通过挑战性压力源、冒险倾向、使命价值取向等解释内隐创业型领导对员工主动担责行为、越轨创新、网络怠工行为的影响：这三类行为虽然与积极追随力有所区别，但是同样具有典型的主动追随特征，能够从不同的侧面解析内隐创业型领导对员工行为的作用机制。

4

内隐创业型领导对积极追随力的影响

4.1 理论与研究假设

4.1.1 积极追随力

追随力是指追随者对领导者指令、决策进行有效执行的能力。在当前动态外部环境下，领导者需要挖掘追随者的积极性和创造力。领导者与追随者之间并非简单的上传下达关系，追随者可以通过行动或者意愿表达，调整领导者的决策。

积极追随力是正向追随行为体现出的追随能力。Kelly（1992）认为追随者分为五种类型：落落不群的追随者、被动的追随者、有效的追随者、墨守成规者和实用主义者。其中，有效的追随者即为积极追随力的雏形，他们具有主人翁意识，积极参与并投入组织事务，能主动解决问题。Carsten 等（2010）把积极追随力定义为追随者对领导者的积极影响力，建立在领导-追随关系基础上，有助于团队或组织目标的达成。追随是基于领导与下属之间的上下级关系。下属对领导行为所做出的一系列能动反应，包括尊敬学习、忠诚奉献、权威维护、意图领会、有效沟通和积极执行六个方面。社会建构视角下的追随力强调追随者在与环境和领导者的互动中塑造了认知取向和行为方式，进而产生了有效的追随力。积极追随的目的是实现追随者与领导者共享的愿景目标，特质是以尊重和认可领导者的地位为前提。从积极追随特质的内涵来看，诸如"能力卓越、工作努力、激情活力和忠心耿耿"等正面心理特质都是提升任务绩效的重要资源。能力卓越的追随者具备较强的综合素质，有利于掌握工作所要求的知识技能，为成功执行工作任务奠定知识和技能基础。

根据领导理论，积极追随力在概念界定上形成了特质观、能力观、行为观和权变观四种观点。特质观认为，追随力更多的是追随者在追随领导者的过程中所表现出来的追随特质（原涛和凌文辁，2010），包括工作态度、工作能力、人际技能和个人品德等；能力观则认为积极追随力是追随者配合领导执行工作命令时，表现出的一种能力（Bjugstad 等，2006）。行为观把积极追随力界定为个体追随领导，并完成领导布置的任务而采取的积极行动（Townsend 和 Gebhart，1997），包括勇于承担责任、服务、挑战等（Chaleff，1995）。权变观则认为，积极追随力是领导者、追随者和情境因素三者互动产生的结果。Crossman 等（2011）在此基础上认为，积极追随力是在特定的工作情境下，追随者将领导者构造的愿景或设置的目标内化成组织共同目标，并为之努力的过程。通过文献梳理，积极追随力尚未得到一个普适定义，大多数学者仅根据研究目的，选取某个单一视角去诠释积极追随力的定义。但是，这些观点存在两点共识：第一，积极追随力是以领导者与追随者的共同积极目标为导向和前提的；第二，积极追随力不是单一特质，它可以是多种特质、行为，乃至领导-追随动态关系。因此，本书参考刘毅、彭坚和路红等的研究，将积极追随力内涵界定如下：积极追随力是一个成功、有效的追随者在与领导者目标一致的情境下，所表现出的积极心理、行为和关系特征的综合体。

4.1.2　关系认同

认同感，作为一种心理状态，在组织内部表现为对组织特征的一致性感知，这种认同感使得个体更倾向于将自己归类为某一群体的成员。在组织情境中，当个体在与各种群体产生关系时，会产生感知、情感依附等行为，进而依据自身行为将自身归为某个群体，依据这些群体的特征对自我进行定义（袁庆宏、牛琬婕和陈琳，2017）。而关系认同则是一种与人际关系紧密相关的认同类型。在组织情境中，个体与他人或者组织之间的关系会对其态度和行为产生重要影响，关系认同表示个体认定的变化过程。Sluss 和 Ashforth（2007）认为，关系认同可以被认为是一种状态或者一种过程。前者表现为个体在多大程度上愿意将角色关系内化为自我描述，其表示个人和角色关系的认知性联系。而作为过程的关系认同反映了个体如何将角色关系的本质和状态内化为自我认定，揭示了个体从角色关系中获得自我描述的过程。同时，Sluss 和 Ashforth 总结了关系认同的三大特征，即人格化、人际吸引和角色升华。人格化特征表明：个体有被人格化看待的基本需求，如董维维发现组织成员将良好关系看作目的，而不仅是实现目标的手段。人际吸引特征则认为：个体更容易被掌握资源、地位较高的个体所吸引。角色升华即当组织成员认同角色关系时，关系双方可能超越正式角色的边界形成友谊，形成角色上的升华。一旦形成友谊，双方会为维持关系而进行非工作需要的互动。关系认同为组织中友谊的形成提供了新的理论解释。

结合 Ashforth 等关于关系认同的描述，本书认为关系认同实质上是"个体依据某一特定的、重要的角色关系进行的（部分）自我定义"。关系双方基于自身的特质或身份，对某一群体产生认同感，继而内化为对自我的认定，从而对群体或者组织产生积极评价，说明个体对其他个体或者群体之间的关系产生了认同，即关系认同。

4.1.3　内隐创业型领导对积极追随力的影响

内隐创业型领导是本土创业追随者领导图式的一种投射，内隐创业型领导越典型，上级领导行为与创业员工内心有效领导认知越一致，下属关于领导者的认知越处于内外认知的平衡状态。根据认知心理学和积极心理学的观点，个体的认知平衡，会导致个体积极情绪和行为的产生。内隐领导理论相关作用机制也证明了这一点：当领导与原型匹配度较高时，下属更容易产生组织公民行为、情感承诺等积极行为和态度（Epitropaki 和 Martin，2005）。积极追随力同样源于个体积极的行为，是追随者围绕组织目标与领导者的互动中，所表现出的自身进取精神、认知悟性、执行技能、关系技能、向上影响力等一系列积极行为的综合反映（许晟，2014）。

因此，内隐创业型领导同样可能促进个体积极追随力形成。另外，Lord、Brown 和 Freiberg（1999）指出：下属使用领导原型来解释领导者的行为，对领导者进行评价，领导者将领导原型作为建立自己领导行为的基础，而领导原型又是价值观体系的反映。因此，内隐创业型领导水平高，意味着创业企业下属和上级的价值观更加趋同。而这种价值观趋同是激活积极追随力的深层次因素。此外，内隐创业型领导在管理活动中，可以影响下属对于自己信任以及对于组织承诺，构建相同目标和情感相似性来影响下属行为。相似内在属性促成二者间的一致性匹配时，二者结合能够创造一种强情境，激发员工认真学习、有效沟通、积极执行等追随行为，产生追随力（闫佳祺、贾建锋和罗瑾琏，2017）。综合以上分析，本书提出如下假设：

H1：内隐创业型领导对积极追随力有显著积极影响。

4.1.4 关系认同在内隐创业型领导和积极追随力之间的作用

关系认同理论以二元互动形成的对偶关系为研究背景，阐释关系双方的对偶心理定位如何影响各自行为。本土化研究发现：关系认同符合中国文化下个体自我认定方式。杨中芳、刘萃侠和杨宜音（2001）指出，中国情境下人们的行为标准既不是以自己内心的感受、偏好以及想法为主，也不是以所属社会和群体利益为主；而是以自己为中心，根据关系判断，对不同人采取不同行为。

根据关系认同理论，对偶关系的一方通过评价另一方的关系身份（对偶关系中扮演角色及特质）来完成自我身份的认定，并采取相应的行为。评价越积极，关系吸引力越强，根据互惠交换原则，自身采取积极行为可能性越大。按此推理，个体积极追随力作为下属的一种角色行为，它的形成依赖于互动关系的另一端——自身的直属上级扮演"领导者"角色情况。当内隐创业型领导显著时，创业企业下属更倾向于将上级定义为一个真正领导者，上级获得更多正向评价，对下属吸引力增加；与之相对应，下属也会履行自己的职责，积极构建创业情境下自身追随者的角色，采用积极的追随行为。从实证角度来看，不少已有研究也证实了关系认同对于个体积极行为的正向影响：李晔、张文慧和龙立荣（2015）证实了领导关系认同不仅有利于提升员工任务绩效，还可以激发组织公民行为。

关系认同强调关系双方的互动，包括初始的认定、行动反馈、再次认定和形成特定描述的过程（黄岳陵、刘善仕和刘小浪，2017）。内隐创业型领导在引领下属活动时，涉及关系建构的过程，表现为领导者和追随者双方努力创造、展示并维持特定的角色认同与关系认同的过程（朱瑜和谢斌斌，2018）。内隐创业型领导会尝试与下属建立高频业务和情感互动，根据社会认同理论，此时追随者会更加注重与领导关系发展，会更愿意投入到领导期待行为中，领导者能更大限度获得成员的认可和追随（郭晟豪和萧鸣政，2016）。领导者能够获得员工更多的认可时，可以促使员工将自我与领导者的关系特征纳入自我概念的形成。也就是说，内隐创业型领导可以提高员工对领导的关系认同。员工对领导的关系认同程度提高时，认同感会激发员工将领导的利益视为自己的利益的倾向，从而产生完成与领导有关的目标和任务的动机；此时，员工不仅会完成分内工作，还有可能从事其他对领导有利的积极行为，如更能理解领导者的决策并支持领导者的决定。关系认同形成后，员工对领导的认知与其自我概念融合在一起，会将领导者的行为规范、价值理念等内化于心，接受领导的利他理念，加强员工对领导者的积极追随行为。综上，本书针对本土创业企业提出以下假设：

H2：内隐创业型领导对关系认同有积极影响。

H3：关系认同对积极追随力有积极影响。

H4：关系认同中介了内隐创业型领导对积极追随力的正向影响。

整合以上相关假设，得到内隐创业型领导影响积极追随力的概念模型。即本章的变量关系，如图4-1所示。

图4-1　变量关系

4.2 实证分析

4.2.1 样本描述统计

本书围绕内隐创业型领导、积极追随力、关系认同三个核心变量开展调查，包含个人情况和测量量表两部分：个人情况主要包括性别、年龄、工作年限、受教育程度、职务及公司性质六部分。测量量表包括内隐创业型领导量表、追随力量表及关系认同量表三部分，共37题。其中内隐创业型领导量表共有18题，采用本书开发量表；积极追随力量表使用向娟和冯明的积极追随力量表，共9题，具体有"努力工作、富有成效"等问题；关系认同量表使用Walumbwa和Hartnell的关系认同量表，共10题，具体有"当有人批评我的领导时，感觉就像是对我的侮辱；我对其他人对我的领导的看法感兴趣"等问题。本书面向多个行业员工发放问卷，共收回问卷392份，有效问卷392份。

在调查样本的描述统计（见表4-1）中，被调查者男性占比41.8%，女性占比58.2%；男女比例总体较均衡，数据收集较科学。在年龄分布方面，36岁以下被调查者所占比例为66.8%；36岁及以上被调查者所占比例为33.2%，其中46岁及以上调查者所占比例为8.2%；被调查者总体年龄分布较年轻化。在工作年限分布上，工作年限2年以上的被调查者所占比例为59%；表明被调查者有一定工作年限的员工所占比例较大。在受教育程度方面，被调查者中，本科及以上学历所占比例为69.7%；高学历者占较大比例。在职务方面，被调查者为一般员工所占比例为59.2%，被调查者为基层管理者比例为30.4%；被调查者中一般员工和基层管理者占大多数，可靠性较强。在公司性质方面，各类公司性质分布在10%~25%，被调查对象的范围分布广泛、科学，具有代表性。

表4-1 样本描述统计

基本信息	类别	频率	百分比（%）	有效百分比（%）	累计百分比（%）
性别	男	164	41.8	41.8	41.8
	女	228	58.2	58.2	100
	合计	392	100	100	
年龄	25岁及以下	74	18.9	18.9	18.9
	26~30岁	107	27.3	27.3	46.2
	31~35岁	81	20.7	20.7	66.8
	36~40岁	58	14.8	14.8	81.6
	41~45岁	40	10.2	10.2	91.8
	46岁及以上	32	8.2	8.2	100
	合计	392	100	100	
工作年限	2年以下	161	41.1	41.1	41.1
	2~5年	103	26.3	26.3	67.3
	5~10年	65	16.6	16.6	83.9
	10~15年	50	12.8	12.8	96.7
	16年及以上	13	3.3	3.3	100
	合计	392	100	100	
受教育程度	高中及以下	61	15.6	15.6	15.6
	专科	58	14.8	14.8	30.4
	本科	236	60.2	60.2	90.6
	硕士	30	7.7	7.7	98.2
	博士及以上	7	1.8	1.8	100
	合计	392	100	100	
职务	一般员工	232	59.2	59.2	59.2
	基层管理者	119	30.4	30.4	89.5
	中层管理者	25	6.4	6.4	95.9
	高层管理者	16	4.1	4.1	100
	合计	392	100	100	

基本信息	类别	频率	百分比（%）	有效百分比（%）	累计百分比（%）
公司性质	国有控股	62	15.8	15.8	15.8
	集体所有	65	16.6	16.6	32.4
	民营（私有）	97	24.7	24.7	57.1
	外资或者合资	71	18.1	18.1	75.3
	政府部门	52	13.3	13.3	88.5
	事业单位	45	11.5	11.5	100
	合计	392	100	100	

4.2.2 信度与效度分析

信度检验采用内部一致性信度（Cronbach's Alpha）系数进行，表 4-2 为积极追随力量表、关系认同量表、内隐创业型领导量表的信度分析结果：量表总体信度系数为 0.819，大于 0.8，表明问卷具有较高可靠性。分量表中积极追随力的 9 个题项、关系认同的 10 个题项、内隐创业型领导的 18 个题项信度系数都大于 0.7，表明分量表可靠性相对较高，因此问卷整体数据具有可靠性。

表 4-2 信度分析

变量	Cronbach's Alpha	项数
内隐创业型领导	0.794	18
关系认同	0.731	10
积极追随力	0.884	9
总量表	0.819	37

效度检验从内容效度、结构效度两方面进行：内容效度方面，所有量表均采用现有成熟量表；题项表述经过二次修订，内容效度可靠。结构效度方面，通过探索性因子分析加以检验。借助 SPSS 对各变量进行探索性因子分析，内隐创业型领导、关系认同和积极追随力的 KMO 值分别为 0.871、0.871、0.897，均大于 0.8；Bartlett 球形检验的显著水平为 0.000

（<0.01）；且各变量旋转后的维度结构与量表设定保持一致。三个量表 Sig 均为 0，小于 0.05，结构效度良好，自变量可以有效预测因变量的差异；表明三个量表有意义，适合做因子分析。

4.2.3 描述性统计和相关分析

为了研究各变量之间的关系，本书借助 SPSS 22.0 软件计算各变量之间的相关系数，分析结果如下：变量描述性统计和相关分析的结果，如表 4-3 所示。题项计分采用李克特 5 点量表法，其中内隐创业型领导、积极追随力、关系认同这三个变量的均值都大于 4；表明样本群体在这 3 个方面呈现出较高水平。其中，关系认同的均值最高；积极追随力的均值最低；可以简单看出，在此次样本中员工表现出较高的关系认同和较低的积极追随力。

表 4-3 相关性分析

变量	均值	标准差	内隐创业型领导	积极追随力	关系认同
内隐创业型领导	4.1965	0.7442	1	0.718**	0.398**
积极追随力	4.1222	1.0192	0.718**	1	0.182**
关系认同	4.201	10.351	0.398**	0.182**	1

注：** 表示在 1% 水平（双侧）上显著相关。

如表 4-3 所示，内隐创业型领导与积极追随力（r=0.718，p<0.01）呈显著正相关关系，假设 H1 得到初步支持；内隐创业型领导与关系认同（r=0.398，p<0.01）呈显著正相关关系，假设 H2 得到初步支持；关系认同与积极追随力（r=0.182，p<0.01）呈显著正相关关系，假设 H3 得到初步支持。上述变量之间的相关关系基本符合预期，接下来将对这些关系进行回归分析检验。

4.2.4 回归分析

加入控制变量的情况下，将内隐创业型领导、积极追随力、关系认同放入不同的回归模型进行分析。由模型 M1 可见，内隐创业型领导与积极追随力之间的回归系数为 0.738，（p<0.001），说明内隐创业型领导对积极

追随力存在显著正向影响，支持假设 H1。由模型 M2 可见，内隐创业型领导与关系认同之间的回归系数为 0.361(p<0.001)，说明内隐创业型领导对关系认同存在显著正向影响，支持假设 H2。由模型 M3 可见，关系认同与积极追随力的回归系数为 0.176(p<0.01)，说明关系认同对积极追随力存在显著影响，支持假设 H3；与模型 M1 比较，此时内隐创业型领导对积极追随力仍然存在显著影响，但是回归系数 0.377 小于直接效应 0.738，这表明关系认同在内隐创业型领导与积极追随力之间存在中介效应，支持假设 H4（见表 4-4）。

表 4-4　回归模型分析

变量	模型 M1	模型 M2	模型 M3
	积极追随力	关系认同	积极追随力
性别	-0.004	-0.12	-0.026
年龄	-0.153	0.155	0.033
工作年限	0.068	-0.018	0.027
受教育程度	0.091	-0.116	0.119
职位	-0.019	-0.027	-0.071
企业性质	0.033	0.04	0.053
内隐创业型领导	0.738 ***	0.361 ***	0.377 ***
关系认同			0.176 **
R^2	0.533	0.199	0.055
ΔR^2	0.525	0.184	0.038
ΔF	0	0	0.003

注：*** 表示 $p<0.001$，** 表示 $p<0.01$。

4.3　结论与建议

4.3.1　研究结论

本书对多个行业企业员工发放问卷，研究内隐创业型领导对积极追随力的影响，对回收的 392 份有效调查问卷进行分析，得到如下研究结论：

（1）内隐创业型领导对积极追随力有显著积极影响

和前期假设一致，内隐创业型领导对积极追随力有影响，呈正相关关系。内隐创业型领导特质越强，积极追随力越高。由结果可知，内隐创业型领导特质越明显，领导个人魅力和职位权力体现得越明显，对员工的影响越大；有利于领导策略下达和贯彻执行，员工对领导的安排和计划严格落实，使企业内部工作效率和工作绩效有所提升。具有高积极追随力的员工可将领导下达的政策和计划自觉转变为更接近实地工作的具体操作，有利于提高管理策略和组织计划的成功率。

（2）内隐创业型领导对关系认同有显著积极影响

和前期假设一致，内隐创业型领导能够影响员工对领导者认同，这种认同会延伸到组织愿景、制定策略、实行政策等方面。内隐创业型领导融合中国文化下特有的行为方式：一方面，面对创业环境和类创业环境，内隐创业型领导拥有更多独特想法，善于决策和破解组织运营难点，为企业勾画蓝图；另一方面，内隐创业型领导的个人魅力和职位权威有更强的表现；因此，内隐创业型领导更加接近下属内心理想原型，形成明显的关系认同。

（3）关系认同成为内隐创业型领导与积极追随力的中介桥梁

积极追随力形成原因是当前追随力研究的分歧领域，一部分学者认为是利益驱使，强调"利"；另一部分学者强调情感因素，认为是"义"所为；这两条路径都存在诸多不能解释的客观现象。因此，如何寻找更具有说服力的视角阐释领导激发多层次积极追随力的心理过程并加以检验，就成为本书需要解决的第二个关键问题。对此，本书参考 Hogg（2001）提出的"认知-认同-行为"范式，选择关系认同理论阐述积极追随力的形成。因为关系认同理论综合反映了下属关于"利"和"义"两方面信息加工的结果。

4.3.2　建设性意见

根据分析和研究结果，本书对创业型领导背景下，如何增强员工的积极追随力给出如下几点建设性建议：

（1）内隐创业型领导在创业型组织竞争优势获取重要来源

领导模式是情境的产物，中国特色文化、价值观与创业实践交织在一起形成独特的本土创业情境，而现有领导理论缺乏中国创业情境下针对领导方式的探索。为了弥补理论缺口，本书将内隐领导理论拓展至本土创业领域提出了新的领导模式——内隐创业型领导。该领导模式根植于本土追随者内心独特的领导认知图式，结构包含"创业修身"和"创业做事"两方面：前者体现了中国创业情境上下级之间独特的基于人情的共生关系；后者则体现了与中国创业情境下复杂创业活动对领导者行为和特质的要求。此外，"修身""做事"的结构框架与中国传统文化也是一脉相承的。该模式为本土领导理论增添了新成员；同时相关测量量表开发，也为创业情境下领导有效性探索提供新的理论工具。因此，创业型企业应将培养和塑造内隐创业型领导作为人力资源管理的重要内容，通过专业培训使一线经理具备内隐创业型领导的素质和能力；将"修身""做事"的双元特征作为管理者绩效考核和职位晋升的重要指标；同时树立标杆，强化内隐创业型领导对组织的价值。

（2）通过多个方面塑造下属积极追随力

关注追随者越来越成为明智之举。作为今天的领导者，要更多地关注你的下属。作为下属，对自己所扮演角色的潜在能力有更充分的了解会极其有益；如果你认为你有个好的领导者，那么积极地支持他，这对你事业的发展极其有力；如果你认为领导者或者管理层有问题，那么你可以联系具有同样看法的同事，形成团体和同盟，思考如何艺术地提出抗议。

（3）强化下属对领导者的关系认同，打通领导者影响力的关键桥梁

高关系认同会塑造企业内上下齐心和高凝聚力，对企业长远发展具有重要推动作用。领导在管理上尽量做到人性化，充分考虑员工的利益和意见；员工要体谅领导难处，在执行时尽量克服各项困难，保证领导指令的落实。员工和领导之间要做到充分理解，互相认可。在企业内既要树立领导权威，使领导在企业内部做到令行禁止；也要尊重员工权利。领导和员工在企业内一团和气，互相认同，才有利于领导和员工的各司其职，相互配合，促进企业的长足发展。

5
内隐创业型领导对越轨创新的影响

当今，面临复杂内外部环境和激烈全球化竞争，企业只有以创新求生存、图发展。创新是企业竞争力的核心，是企业发展的灵魂，而员工是企业创新的主体和基础。从理论上说，创新是组织大力支持的积极行为；而员工越轨行为具有反社会性，被组织及管理者厌恶。但近年来，企业中越来越多带有越轨色彩的创新行为被发现。由于组织规章制度和繁琐的程序，员工在创新过程中受到阻碍，员工创造性和灵活性被极大削弱，造成员工可能会选择通过对管理者隐瞒自己的创新活动，来清除创新过程中的阻碍；或是在管理者发出停止研发的指令后不予理会仍抗命继续研发；这类具有悖论特点的行为就是"越轨创新"。

目前，有关越轨创新的研究处于起步阶段，对于越轨创新后果也有着不同看法：如 Lin（2017）认为应该得到支持，因为越轨创新会产生建设性影响：比如它能通过改变组织规则来诱导组织变革，促进组织发展进步。黄玮等认为越轨创新能够通过激发员工创新能力来提高组织创新绩效。相反地，陈伍洋等认为越轨创新会带来消极影响，具体表现为下级的越轨创新会对上级产生威胁感，从而产生主管抑制，提高工作相关的风险、社会风险和心理风险。总的来看，越轨创新的后果变量是学者们讨论的重点，已经积累了一定成果；但是有关越轨创新的前因探索却相当有限，亟待解决和挖掘。

已有研究指出，有效领导方式对员工创造力与创新具有显著影响；越轨创新是以创新为目的、越轨为手段的一种特殊创新行为，所以领导方式差异与越轨创新的关系也是组织行为关注的重要研究领域。以往学者研究发现，创业型领导的下属有更多的创新性行为，创业型领导通过愿景塑造和下属承诺来影响员工的行为。那么，内隐创业型领导是否能够激发下属越轨创新，其中的机制又是怎样的等问题均有待进一步探索。

越轨创新是以创新为目的、以越轨为手段的一种特殊创新行为。探究内隐创业型领导对越轨创新的影响具有重要意义。内隐创业型领导属于典型的三高型（高关系、高任务、高伦理）领导，会促进员工创新、创造积极性的发挥，有很大可能成为越轨创新的重要来源。内隐创业型领导通过高工作要求和工作强度，增加了员工的工作压力；但是内隐创业型领导能在企业中形成创造创新氛围，领导者信任员工的想法和行为，支持员工为自己的行为去试错，强化员工的自觉创新行为。在内隐创业型领导的领导下，员工倾向于大胆冒险、创新，将创新作为日常工作必不可少的一部分。因此，本书引入挑战性压力源和冒险倾向作为中介变量，解释内隐创业型领导对员工越轨创新行为影响机制。

5.1 概念界定与理论假设

5.1.1 越轨创新

目前，国内外关于越轨创新的研究尚处于起步阶段，关于越轨创新的界定还没有形成统一的定义。越轨创新由"越轨"和"创新"两个相去甚远的概念组成：越轨是指违背了社会所期望达到的行为规范，这些行为规范包括组织和工作中的规则、制度、行为准则以及基本要求规范等。创新是指在组织内部提出新思维、创造新产品的一种行为，其结果对组织和社会有利。但是越轨创新并不是两者的简单相加，而是以创新为目的、以越轨为手段的一种特殊创新行为。"越轨"本就带有破坏性和建设性，越轨创新行为虽然违背了组织规章和准则，但是其目的是提高组织创新绩效，具有积极行为和特征，体现高社会规范。所以很多学者认为它属于建设性越轨行为。对于越轨创新的定义分为两种：一种是将"越轨创新"表述为

"bootlegging"。比如，Augsdorfer（1996）研究提出由基层员工未告知管理层自发进行的、自下而上的，以提升组织利益为最终目的的特殊创新行为被称为"越轨创新"。该定义指明了越轨创新具有基层性、自主性、隐秘性。Criscuolo、Satter 和 Wal（2014）也支持了该定义，并对该定义进行沿用。另一种是将"越轨创新"表述为"creative deviance"。比如，Mainemelis（2010）认为越轨创新是员工违背管理层停止开发的意愿，仍坚持开发的一种特殊行为，该定义强调越轨创新的"违背"特征。Galperin（2002）从其他角度定义了越轨创新，认为它带有创新性和建设性的双重特征：创新性表现为其区别于非传统行为，建设性表现为为组织创造了价值。

学术界对越轨创新理解侧重点不同，但大部分学者认为越轨创新初衷是亲组织的，是以创新为目的、以越轨为手段的特殊创新行为。结合国内外学者的研究，本书将越轨创新定义为当组织权威、制度或者管理者的行为阻碍了员工创新时，员工采用与组织要求、行为准则不符的个人行为，即为了达到创新成功的目的试图通过越轨行为来完成。

学术界对于越轨创新的测量研究十分有限，已有测量量表缺乏整合性。Criscuolo（2014）针对越轨创新的定义特征，认为越轨创新是指个体工作计划之外从事底下研发，并以此开发了 6 个题项的越轨创新量表，题项包括"我能灵活地安排工作任务基于工作计划，进而挖掘潜在的、新的、有价值的商业模式和机会"等。Lin 等（2012）开发出了包含 9 个题项的越轨创新行为测量量表，题项包含"虽然我的想法没有得到上级的许可，但我仍然在继续丰富和改良新的想法"等。近年来，越轨创新的研究在我国学术界逐步开展，但是成果比较有限，基本上还是沿用外国的研究成果。

5.1.2 挑战性压力源

在各种组织中，工作压力普遍存在，压力是指个体对环境的应激性反应。组织在管理内部成员压力时，往往会有较多的资源消耗，许多不必要的管理成本由此产生。工作压力的影响也就成为管理者和研究者一直关注的重点话题。早期研究者主要关注压力的消极方面，很少关注压力带来的积极效果。Selye（1974）首次提出了正性压力和负性压力的概念；能够增强工作动力被称为正性压力，而会给个体带来紧迫感和危机感的被称为负性压力。最先将压力源进行分类的是 Gavanaugh（2000）等的研究，将压力源分为挑战性压力源和阻断性压力源：为个体在工作中带来积极作用的压力源是挑战性压力源，如时间紧迫、工作要求和工作氛围等，这些压力源能激发个体的潜能，通过个体增加对工作的投入带来回报；为个体在工作中带来消极作用的压力源是阻断性压力源，如工作不安稳性、组织政策、角色冲突、角色模糊等，这些压力源不利于个体和组织目标的实现以及个体的成长。如果个体的工作积极性受到了打压，个体选择消极的工作态度和行为对待工作。Boswell（2004）进一步证实了 Gavanaugh 的理论，目前心理学界已经广泛认可这一理论模型。

本书沿用 Gavanaugh 的观点，认为挑战性压力源是包括工作职责、工作强度、工作复杂性、时间压力和高风险责任在内的，对个体的工作行为和工作态度产生积极作用的压力。这些压力产生于工作中，是个体为了达到工作目标所必须满足的工作要求，实现自身价值而产生的。目前，研究者对挑战性−阻碍性压力源的测量大多采用 Gavanaugh（2000）开发的量表，该量表由挑战性压力源和阻碍性压力源两部分组成：挑战性压力源包括"我完成工作所花费的时间"等六个题项；阻碍性压力源包括"我为了完成工作一共需要经过的繁琐程序数量""我工作缺乏安全感的程度"等五个题项。为了组织管理层的压力是 Gavanaugh 设计量表的初衷，但之后证明，其他人群同样适用该量表，量表具有较高信效度。

5.1.3 冒险倾向

对于冒险倾向，组织行为学领域存在两种观点：一种观点可以总结为"特质论"，即冒险倾向是一种个体以感觉寻求为主的人格特质，这种特质是稳定的。国外学者以 Eysenck 和 Zuckerman（1978）为代表，认为感觉寻求对于个体的冒险行为有积极预测：那些高感觉寻求的人往往表现出很强的创造性，因其具有较高的智商和较灵活的思维，他们通常喜欢从事具有冒险性的活动；国内学者以曾建斌（2000）为代表，认为感觉寻求是个体乐于探索奇异性、刺激性情境的一种人格倾向，当出现特定情境激发，个体因为迫切想要达到某个目标而出现激动情绪。在这种"特质论"冒险倾向定义下，Zuckerman（1978）开发 SSS 量表，Arnett（1994）开发 AISS 量表。两个量表被证明具有很好的信效度，也被一些研究者应用。

另一种观点可以概括为"偏好论"，指冒险倾向是个体在对风险作出判断和决策时所表现出的固有倾向和偏好程度。在偏好论下，冒险倾向与风险是密不可分的。因此，冒险倾向普遍上是指个体的参与风险的倾向和偏好程度。冒险倾向被 MacCrimmon（1990）解释为"参与风险的意愿的衡量"，强调了惯有的风险回避模式或者风险参与模式将会影响个体如何评估风险；Sitkin 等（1992）定义冒险倾向为个体在参与有风险行为时自然倾向于高估成功可能性的程度。个体的冒险倾向包括处理风险情境下的稳定行为模式和行为习惯，高冒险倾向的个体往往更容易参与到存在高风险的行为中去。"偏好论"下的学者测量个体冒险倾向程度的高低主要使用 Gomez-Mejia（1989）开发的量表。该量表一共有四个题项，包括"在选择工作或者公司时，我不愿意去冒风险""我尽一切努力去避免工作中可能出现的风险"等。综上，本书将冒险倾向视为个体在面临风险行为时的选择冒险行为的偏好和倾向的程度，而不是指一种稳定的人格特质。

5.1.4 内隐创业型领导与员工越轨创新行为

依据 IPO 模型，领导风格是影响创造力的重要预测变量，领导态度和决策会直接影响下属行为。内隐创业型领导通过自身创业思想和行为增强员工对领导者创业能力和技术的信心，鼓励员工变化和创新，从而激发员工创新热情并对其行为产生重要影响：首先，内隐创业型领导会创造具有创新氛围的组织环境、信任员工、鼓励员工冒险，给员工充分创新助力。其次，内隐创业型领导更重视员工创新而不仅仅是服从命令，在其领导下员工在工作中有更多的选择；以提出愿景激励下属为出发点，促使成员产生积极的心理和情绪，提高员工创新积极性，形成组织创新氛围。根据 Merton 结构功能理论，社会往往更注重实现目标，但实现目标的手段却时常被忽略。因此，在组织或社会中，人们更多关心结果是否成功，而不去关心取得成功的手段，此时发生越轨创新的可能性就大幅提高。内隐创业型领导在鼓励员工创新时也不会限制员工创新方式，这种情况下越轨创新发生的可能性极大。

已有研究指出，创业型领导会对员工亲社会性的偏差行为产生重要影响。越轨创新作为一种建设性越轨行为，为了组织利益才选择违背组织规则和上级命令而继续进行创新行为，同样具有亲社会的偏差行为的特点。Galperin（2004）提出，创新是开发和创造新的想法，本质上员工发生创新行为时其至少在部分程度上会背离组织既定的组织规则。内隐创业型领导乐于创造创新环境、支持员工冒险，充分授权给员工去创新，强化员工创新内在动机，从而使员工内心中形成一个强有力的信念——创新大于一切，激发员工在某些情境下选择违反组织规章制度而进行越轨创新。Sutton（2002）研究表明，有些领导者考虑到员工越轨创新是以组织利益为出发点，努力提高创新绩效，会对员工的胆量、执着予以嘉奖，此时员工感受到其越轨创新行为得到组织和领导者积极反馈，根据强化理论观点，下属也会增加越轨创新行为。

综上所述，内隐创业型领导对员工的行为有两个方面的影响：第一，内隐创业型领导鼓励员工创新，并通过愿景构建和自身影响力来激发员工创新热情和创新行为；第二，当员工以组织利益为初衷进行越轨创新行为时，创业型领导者会通过嘉奖对越轨创新行为表示肯定，员工选择越轨创新行为的概率会提高。据此本书提出以下假设：

H1：内隐创业型领导对越轨创新有显著正向影响。

5.1.5　挑战性压力源的中介作用

挑战性压力源是一种良性压力源，是指对个体完成工作任务以及获得职业成长会产生积极影响的压力，如时间紧迫、工作负荷高、职责范围广、工作复杂程度高等。相关研究表明，挑战性压力源与员工创新行为呈正相关。

内隐创业型领导通过建立愿景来激励员工创造组织价值，不断鼓励员工努力达成目标。内隐创业型领导积极向成员寻求新观点、新想法，鼓励成员挑战现有的思维方式，开发新方案。经济的发展、竞争的加剧提高了企业对创造性和创新能力的要求，也引发了工作压力的增长。当员工面临较高工作压力时，会感到克服压力存在困难，较易产生退缩心理。而此时内隐创业型领者会关心每一个员工的困难和需求，向员工构建美好愿景，鼓励员工坚定自信、勇于冒险、对抗压力，将工作压力、工作强度转化为挑战性压力源。创业型领导者能够赋予员工工作重要意义，提高员工工作期望，将阻碍性压力源转化为挑战性压力源。

越轨创新本质上是一种特殊的创新。以往研究表明，阻碍性压力源（如组织政策、工作不安全感等）始终会对员工创造性造成消极影响，但是挑战性压力源（如工作时间、高工作要求）在特定情况下会促进员工创新能力。Anderson 等（2004）指出当个体感知到挑战性压力时，其动机唤醒会得到提高，进而会产生出创造力，采取创新行为。LePine（2016）提出挑战性压力源在消耗员工资源的同时也在激励员工，充沛的资源能使员工提升成功应对挑战性压力源的可能，提出更多创新性解决问题的方式。Leung（2011）指出在压力环境下往往有利于创新行为的产生。Sacramento（2013）认为某些压力源除了给员工带来压力之外，也在激励着员工投入创新。Bear 和 Oldham（2006）研究发现投入工作水平高的员工会更有意愿、更有好奇心投入风险高的活动来解决工作问题，因而员工越轨创新产生的概率得到提高。综上所述，本书推测内隐创业型领导会促进挑战性压力源的产生，而挑战性压力源可能会对越轨创新产生正向影响，并提出如下假设：

H2a：内隐创业型领导对挑战性压力源有正向显著影响；

H2b：挑战性压力源对越轨创新有正向显著影响；

H2c：挑战性压力源在内隐创业型领导对越轨创新的影响中发挥中介作用。

5.1.6 冒险倾向的中介作用

冒险倾向是指个体处于某种风险情境中采取的行为模式，表现的是个体判断所处风险情境下的因素，对未来可能发生的情况进行预测而决定作出冒险的程度。Ronay 和 Kim（2006）认为内隐冒险倾向是一种思维网络，也是个体潜意识中对风险的偏好程度，别人无法直接察觉到。内隐冒险倾向高的个体，内在对风险往往有一种积极的态度，这种态度会润物细无声地影响他们的行为倾向。Brockhaus（1980）指出，一些个体的风险承受能力比另一些个体更高，这是个体面临风险的倾向程度不同而导致的。

Sitkin（1992）指出，高冒险倾向者对成功的可能性容易高估，对失败的可能性容易低估，并且具有高冒险倾向的个体在面临有风险的情境时特别享受风险。Bryant（2010）指出，在对组织规则的传统认知下，有一定勇气和冒险精神的员工才会打破组织规则。

冒险情境作为一种行为模式，具有一定的稳定性，但并非一成不变。根据特质激发理论，个体特质对个体行为的预测力会受到与特质相关的情境因素的影响。外界情境与个体特质越匹配，个体特质就越容易被激发而表现出对应行为；两者匹配度越低，个体特质就越容易被抑制。在中国高权利距离文化特征影响下，领导风格是激发个体特质和风险偏好的重要条件。在内隐创业型领导的带领下，个体会受到其创业专家行为不断刺激，并且借助强大情境塑造能力，形成强烈的创业动机和热情，此时他们不再关注传统组织中的得失，而是将冲破组织规则视为"最大的荣誉"，充分享受风险中获取的心理积极体验。相关研究表明，个体冒险倾向会正向影响偏离组织规则，当员工面临需要违反组织规则的情况时，高冒险倾向的个体会选择打破规则，而低冒险倾向者倾向于服从规则；尤其是内隐创业型领导提倡创新、鼓励冒险，组织员工面临组织规则和程序阻碍员工创新行为时，员工更倾向于冒险选择越轨创新。基于以上分析，提出如下假设：

H3a： 内隐创业型领导对冒险倾向有正向显著影响；

H3b： 冒险倾向对越轨创新有正向显著影响；

H3c： 冒险倾向在内隐创业型领导对越轨创新的影响中发挥中介作用。

综合上述相关假设，得到内隐创业型领导对越轨创新影响的概念模型，如图5-1所示：

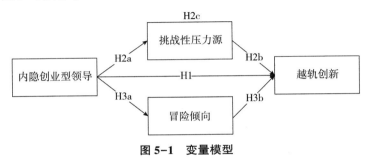

图5-1 变量模型

5.2 研究设计

5.2.1 研究样本

样本来自全国多个地区企业，地区覆盖范围广，涉及的企业类型以及岗位众多，涉及的对象为在职员工。最终共计回收 329 份有效问卷，其中，男性占 41.9%，女性占 58.1%；26～30 岁占比最高，为 28.3%；39.8% 的被调查者工作时间在 2 年以下；受教育程度最多的是本科，占比 57.4%，说明现代企业中本科学历的员工占比较大；最广泛的群体是一般员工，比例为 57.4%；企业性质中占比最大的为民营（私有），比例为 25.8%。样本描述统计结果见表 5-1。

表 5-1 样本描述统计

基本信息	类别	样本数	样本比重（%）
性别	男	138	41.9
	女	191	58.1
年龄	25 岁及以下	60	18.2
	26～30 岁	93	28.3
	31～35 岁	62	18.8
	36～40 岁	47	14.3
	41～45 岁	39	11.9
	46 岁及以上	28	8.5
工作年限	2 年以下	131	39.8
	2～5 年	83	25.2
	5～10 年	59	17.9
	10～15 年	46	14
	15 年及以上	10	3

续表

基本信息	类别	样本数	样本比重（%）
受教育程度	高中及以下	57	17.3
	专科	49	14.9
	本科	189	57.4
	硕士	28	8.5
	博士及以上	6	1.8
职务	一般员工	189	57.4
	基层管理者	103	31.3
	中层管理者	23	7
	高层管理者	14	4.3
企业性质	国有控股	59	17.9
	集体所有	57	17.3
	民营（私有）	85	25.8
	外资或者合资	40	12.2
	政府部门	45	13.7
	事业单位	43	13.1

5.2.2 变量测量

（1）内隐创业型领导

借鉴本书开发的量表，该量表有五个维度，分别是任务专家、情境塑造、德性、智性和中道，共18道题，无反向计分题。

（2）越轨创新

目前，关于越轨创新的量表还比较匮乏，被较广泛应用的是 Lin（2012）的越轨创新的量表，有 8 个题项，无反向计分题，其信效度在 Lin、Mainemelis 和 Kark（2015）的后续研究中得到支持。

（3）挑战性压力源

本书采用 Cavanaugh 等（2000）开发的自陈量表，该量表也是大部分学者普遍采用的量表。该量表分为两部分：一部分为挑战性压力源量表，另一部分为阻碍性压力源量表。根据研究需要，本书只采用了挑战性压力源量表。该量表共有 11 个题项，挑战性压力源部分有 6 个题项，无反向计分题，在后续学者的研究中被证明具有很好的信效度。

（4）冒险倾向

本书中冒险倾向是指当个体参与有风险行动时，往往偏向于高估成功可能性的程度。该量表由 Gomez-Mejia（1989）开发，有 4 个题项，全部为反向计分题。

5.2.3 信效度分析

信度检验采用内部一致性信度（Cronbach's Alpha）系数进行，表 5-2 为内隐创业型领导、越轨创新、挑战性压力源、冒险倾向量表的信度分析。量表中内隐创业型领导 18 个题项、越轨创新 8 个题项、挑战压力源 6 个题项、冒险倾向 4 个题项的信度系数均大于 0.7，表明分量表可靠性相对较高，问卷具有可靠性。

表 5-2　信度分析

变量	Cronbach's Alpha	项数
内隐创业型领导	0.937	18
越轨创新	0.926	8
挑战性压力源	0.910	6
冒险倾向	0.875	4

效度检验从内容效度、结构效度两个方面进行：①所有量表采用现有成熟量表，题项表述经过二次修订，内容效度可靠。②结构效度通过探索性和验证性因子分析加以检验：首先，借助 SPSS 对各潜变量进行探索性因子分析，得到内隐创业型领导、挑战性压力源、冒险倾向和越轨创新的 KMO 值分别为 0.979、0.921、0.823、0.944，均大于 0.8；Bartlett 球形检验的显著水平为 0.000（<0.01），且各变量旋转后的维度结构与量表设定保持一致。四个量表 Sig 均为 0，小于 0.05，表明四个量表有意义，适合做因子分析，自变量可以有效预测因变量的差异。然后进行验证性因子分析。各潜变量结构模型的拟合优度参数值水平整体较优，超过了基本要求（$\chi^2/df<5$；TLI>0.9；CFI>0.9；RMSEA<0.08）。由此可判断各变量具有

良好的结构效度。

5.3 数据分析

5.3.1 描述性统计与相关分析

各变量描述性统计与相关分析如表5-3所示,在总值为5的情况下,四个变量的均值都大于3,表明这四个变量的水平高于平均水平。越轨创新的均值最大,冒险倾向的均值最小。可以简单看出,样本中员工表现出较高的越轨创新倾向和较低的冒险倾向。

表5-3 各量表间的相关系数

变量	均值	标准差	内隐创业型领导	挑战性压力源	冒险倾向	越轨创新
内隐创业型领导	3.88	0.92	1			
挑战性压力源	3.88	0.90	0.324**	1		
冒险倾向	3.83	0.96	0.185**	0.358**	1	
越轨创新	3.93	0.86	0.421**	0.315**	0.305**	1

注:** 表示在1%水平(双侧)上显著相关。

由表5-3结果可知,内隐创业型领导对挑战性压力源($r=0.324$,$p<0.01$)有显著正向影响,因此假设 H2a 得到支持。内隐创业型领导对冒险倾向($r=0.185$,$p<0.01$)有显著影响,因此假设 H3a 得到支持。内隐创业型领导对越轨创新($r=0.421$,$p<0.01$)也呈现显著正向相关关系。此外,挑战性压力源与越轨创新($r=0.315$,$p<0.01$)、冒险倾向与越轨创新($r=0.305$,$p<0.01$)也呈现显著正向相关关系,因此假设 H2b、假设 H3b 得到支持。上述分析结果为研究假设提供了初步支持。

5.3.2　方差分析

通过方差分析检验性别、年龄等控制变量是否对越轨创新存在显著差异性，本书运用 SPSS 对各变量进行方差分析，结果见表 5-4。

表 5-4　各控制变量在越轨创新上的方差分析

变量	性别	年龄	工作年限	受教育程度	职务	企业性质
F	3.701	2.111	0.257	1.818	4.630 **	4.861 ***
Sig	0.055	0.064	0.908	0.125	0.003	0.000

注：*** 表示 $p<0.001$；** 表示 $p<0.01$。

表 5-4 各控制变量与越轨创新的方差分析结果显示，性别、年龄、工作年限、受教育程度显著性均大于 0.05，表明这四个控制变量在越轨创新的产生上不存在显著差异；职务和企业性质显著性均小于 0.05，表示在越轨创新的产生上职务和企业性质表现出显著差异性。

5.3.3　回归分析

以上相关分析对于变量之间存在的关系和紧密度作出了初步说明。通过回归分析，可以利用变量间的相关系数进一步指明他们相关关系的作用方向。因此本书采用线性回归分析进一步判别和验证变量之间的因果关系及影响程度，进而对上述假设进行检验。通过 SPSS 对各个研究变量进行回归分析，加入六个基本信息作为控制变量，将越轨创新、内隐创业型领导、挑战性压力源和冒险倾向放入不同的回归模型，分析得到表 5-5。

表 5-5　回归分析结果

| 变量 | M1 | M2 | M3 | M4 | M5 |
	越轨创新	挑战性压力源	越轨创新	冒险倾向	越轨创新
性别	−0.085	−0.025	−0.081	−0.017	−0.082
年龄	0.2	0.16	0.173	0.236	0.155
工作年限	−0.088	0.028	−0.092	−0.041	−0.08

续表

变量	M1	M2	M3	M4	M5
	越轨创新	挑战性压力源	越轨创新	冒险倾向	越轨创新
受教育程度	-0.112	-0.076	-0.1	-0.107	-0.092
职务	-0.043	-0.107	-0.025	-0.117	-0.021
企业性质	0.154	0.059	0.144	0.161	0.123
内隐创业型领导	0.421 ***	0.324 ***	0.365 ***	0.185 **	0.377 ***
挑战性压力源			0.200 ***		
冒险倾向					0.235 ***
R^2	0.177	0.105	0.213	0.034	0.23
ΔR^2	0.174	0.102	0.208	0.031	0.226
ΔF	0	0	0	0.001	0

注：*** 表示 $p<0.001$；** 表示 $p<0.01$；* 表示 $p<0.05$。

（1）内隐创业型领导与越轨创新关系验证

以越轨创新为因变量、内隐创业型领导为自变量进行回归分析，得到模型 M1。表 5-5 中 M1 的回归结果表明，内隐创业型领导对越轨创新（$\beta=0.421$，$p<0.001$）回归显著。即内隐创业型领导对越轨创新具有显著正向影响，假设 H1 成立。

（2）挑战性压力源的中介作用验证

对于中介作用的检验，根据 Baron 等（1986）的研究理论得出，如果研究结果符合三个条件：自变量对因变量存在显著的影响；自变量对中介变量存在显著的影响；在加入中介变量以后，自变量对因变量的影响明显减小或消失，则可以认为存在中介效应。本书采用 Baron 的观点，对计算出的结果进行分析。

以越轨创新为因变量、挑战性压力源为中介变量进行回归分析，引入回归分析中的变量的顺序依次为内隐创业型领导和挑战性压力源。将内隐创业型领导作为自变量、挑战性压力源作为因变量进行线性回归得到模型 M2；将内隐创业型领导和冒险倾向作为自变量、越轨创新作为因变量得到模型 M3。表 5-5 中 M1、M2、M3 的结果表明，内隐创业型领导对越轨创新回归显著、内隐创业型领导对挑战性压力源（β=0.324，p<0.001）回归显著。同时引入挑战性压力源后，M3 结果表明 β=0.365；引入前 β=0.421；内隐创业型领导对越轨创新的影响明显减少。所以可以认为，挑战性压力源在内隐创业型领导对越轨创新的影响中起中介作用。在引入挑战性压力源这一中介变量后，内隐创业型领导对越轨创新的影响仍然是显著的，因此挑战性压力源在内隐创业型领导对越轨创新的影响中起部分中介作用。由此，假设 H2c 得到支持。

（3）冒险倾向的中介作用验证

以越轨创新为因变量、冒险倾向为中介变量进行回归分析，引入回归分析中的变量的顺序依次为内隐创业型领导和冒险倾向。将内隐创业型领导作为自变量、冒险倾向作为因变量进行线性回归得到模型 M4；将内隐创业型领导和冒险倾向作为自变量、越轨创新作为因变量得到模型 M5。表 5-5 中 M1、M4、M5 的结果表明，内隐创业型领导对越轨创新、冒险倾向（β=0.185，p<0.01）回归显著。同时引入冒险倾向后 β=0.377，引入前 β=0.421；内隐创业型领导对越轨创新的影响明显减少。所以可以认为，冒险倾向在内隐创业型领导对越轨创新的影响中起中介作用。但是在引入冒险倾向这一中介变量后，内隐创业型领导对越轨创新的影响仍然是显著的，所以冒险倾向在内隐创业型领导对越轨创新的影响中起部分中介作用。因此，假设 H3c 得到支持。

5.4 结论及讨论

5.4.1 研究结论

本书构建并验证了基于挑战性压力源和冒险倾向为中介的内隐创业型领导影响越轨创新的过程模型，从理论和实证两方面剖析内隐创业型领导对越轨创新的影响：实证方面基于以问卷形式收集到的 329 份样本数据，理论方面通过文献阅读和 SPSS 数据分析探讨了样本间的关系。主要有以下三个结论：第一，内隐创业型领导会正向影响越轨创新；内隐创业型领导与员工创新的主效应在回归分析中得到检验；内隐创业型领导通过构建愿景并指引追随者一同实现愿景，建立冒险、支持、信任的创新环境，强化员工内在创新动机，驱动员工开展越轨创新。第二，挑战性压力源在内隐创业型领导和越轨创新之间起中介作用：内隐创业型领导会促进挑战性压力源的产生，进而增强越轨创新。第三，冒险倾向在内隐创业型领导和越轨创新之间起中介作用：当组织中管理者的管理方式偏向内隐创业型领导时，员工面对风险更可能选择冒险倾向，由此促进了越轨创新的产生。

5.4.2 管理实践启示

本书表明，领导方式会影响越轨创新：挑战性压力源和冒险倾向的中介作用需要引起足够重视。因此，本书对现代企业管理有以下启示：

现代企业管理者应该全面、科学地认识越轨创新。越轨创新作为一把"双刃剑"，一方面会提高组织创新绩效，在消耗更少资源的情况下产生更多的创新结果；另一方面，越轨创新打破了组织秩序、违反了上级命令，也给组织管理带来了一定的挑战。如何趋利避害地利用越轨创新，为组织创造更多利益，成为组织管理亟待解决的问题。在创业型领导者的带领下，这种鼓励创新的组织环境会促进越轨创新的产生。虽然越轨创新行为是没有得到上级认可的创新行为，但其本身并没有消耗组织过多的资源，并且一旦成功还会给组织带来高回报。因此，对于资源匮乏的企业来说，越轨创新不失为一种提高企业绩效的有效方式。

管理者要适当改变管理方式，员工提出创新想法时不可武断拒绝，而应适当提出建设性的反馈意见；发现员工正在秘密进行越轨创新时，不必过分担心对组织管理造成破坏，但也不可以放任其进行，需要提醒员工平衡越轨创新和日常工作的时间；同时，管理者应当对员工越轨创新行为的结果给予合理的评价，无论成功与否，员工都付出了不少的努力，要肯定员工的付出。

管理者需要对组织内的挑战性压力源程度给予足够的重视，因为挑战性压力源会促使越轨创新产生。组织应该为员工创造有一定挑战性压力源的工作，如在进行工作设计时应该充分考虑压力管理与分类。管理者也要关注员工的冒险倾向特质：具有冒险倾向的员工往往具有较高的越轨创新行为倾向，组织应该对该特质的员工给予足够的重视和引导，使其朝着建设性越轨方向发展，给组织发展带来有利影响。

6

内隐创业型领导对员工
主动担责行为的影响

6.1.1　员工主动担责行为

主动担责这一概念源自于角色外行为（Extra-role Behavior，ERB）。Morrison 和 Phelps（1999）将主动担责行为（Taking Charge）定义为员工自发主动超越岗位职责和角色期待，通过更好或更有效的工作方式付出一些具有建设性的行为；以优化组织架构、改善工作实践、促进组织功能性的变革及提升工作效度的行为，如纠正错误的工作程序和做法、为提高组织有效性而主动改变自己的工作方式、引进新的技术和方法来提高效率，以及实施对公司更为有效的工作方法和流程等。主动担责行为（Taking Charge）作为一种员工积极变革行为而广受关注，自从 Morrison 和 Phelps 在 1999 年提出"主动担责"的概念之后，主动担责日益引起学者的广泛关注和研究。很多研究也证实了主动担责对组织工作结果有不错的影响效果。Parker 和 Collins（2010）的研究指出了主动性工作行为和主动担责行为之间的差异，认为主动担责行为是主动性工作行为分类中的一种，并且是员工积极工作行为的重要表现形式。

如何激发员工主动担责是管理者和学术界面临的现实问题和挑战，相关因素包括个体因素、领导因素、组织因素三个方面。个体因素方面，Cunningham 和 De La Rosa（2008）指出，前瞻性人格与主动担责之间存在一种积极的关系，因为具有高度主动性人格的个体具有承担责任的典型特征，比如他们会积极地调查他们所处的环境，保持警惕，并实施旨在带来预期结果的行为。刘云（2013）也持有相同的观点。在领导因素方面，Tian 等（2014）发现，员工在工作中感受到高质量的领导对激发员工主动担责有显著正向影响。在组织因素方面，黄勇和彭纪生（2015）通过对北京、成都、徐州等地企业的员工进行调查，发现同事信任对负责行为有显著的正向影响。董越（2019）也尝试对主动担责的形成机制给予解释和实证研究。

综上，本书借鉴董越对主动担责行为的定义，认为员工主动担责行为的本质是以变革为导向、以改进为目的的行为，即强调挑战现状而不是维持现状。

6.1.2 工作使命价值取向

工作价值取向（Work Orientation）是人们对自己工作价值与期望的主观定位，是从工作目的角度研究和诠释工作意义的概念。工作价值取向的概念最早由休珀（Super，1970）提出，他的观点侧重于最基本的物质层面，指出工作价值取向是与工作相关的，能够满足个人最本质需求的目标；而后 Tipton 等（1985）在《心灵的习性》（*Habits of the Heart*）一书中也介绍了工作价值取向的概念；此后，国外对于工作价值取向概念的研究达到了高潮。国内对于工作价值取向的研究始于 20 世纪 80 年代，起步较晚；在国内是较新的课题，但紧跟概念研究的步伐，早期的工作价值取向研究成果的理论和实践意义仍较深远。近二十年来，工作价值取向结构的划分正逐步走向细化，虽然经过几十年的研究，但是对于工作价值取向概念的界定仍未统一，在实证研究方面还有所缺乏，其在结构维度的划分上也存在较多的分歧。在研究工作价值取向结构中，国内外学者提出了结构的多种分类，本书主要探讨工作价值取向的三分法。Super（1970），Wallack（1971），Elizur（1984），Zytowski（1994），Meyer、Irving 和 Allen（1998），Brown（2002）等国外学者都采用将工作价值取向的结构分为三个维度的方式进行划分总结；国内学者马剑虹和倪陈明（1998）、凌文辁和方俐洛（1999）等都对工作价值取向进行了不同方式的划分。

以 Bellah 等（1986）为代表的美国社会学家和心理学家致力于探究工作价值取向对个体行为、组织行为和社会发展的影响。美国社会学家 Bellah 等基于大量研究将工作价值取向划分为谋生取向（Job Orientation，也译为"物质取向"）、职业取向（Career Orientation，也译为"职务取向"）及呼唤取向（Calling Orientation，也译为"事业取向""感召取向"或"使命价值取向"）三种，并对不同取向的内涵与目标进行了阐述。工作价值取向选择谋生取向的人认为，工作是获取经济收入以享受工作之余生活的一种谋生手段，他们更多看重工作所带来的经济收益和物质利益回报，因此他们认为工作的目标就是获得物质报酬之后享受工作之余的生活。工作价值取向选择职业取向的人认为，工作是个体在某个行业职业发展中取得进步和获得认同、晋升成就的一种途径，工作目标主要体现为职位、权力、名誉、地位等的提升。除了获得物质报酬方面的回报外，他们对工作投入更多，追求更高的社会地位、行业声望、工作挑战以及社会认同。工作价值取向选择使命价值取向的人认为，工作除了获得经济收入或者个人职务发展之外，更是联结个人、他人乃至整个社会的关键纽带；是一种个体渴望从事的内心寻找真实自我的愿望，从而能够自我发现、自我实现的生活方式。工作的目的是获得工作本身所带来的主观成就、工作意义感与奉献精神，他们能够通过工作追求超越个人利益和个人发展的内在享受及深远意义，获得快乐、自由与充实的人生。三种价值取向的主要工作目标如表6-1所示。

表6-1 三种价值取向的主要工作目标

主要工作目标	谋生取向	职业取向	呼唤取向
经济和物质报酬	√		
职业发展、社会声望		√	
主观成就、意义、奉献			√

自 Bellah 等提出工作价值取向以后，其研究得到了学者们的广泛关

注，Amy Wrzesniewsk 等（1997）在《谋生、职业与事业：人们与工作的关系》（*Jobs*，*careers*，*and callings*：*People's relations to their work*）一文中证实了 Bellah 等的观点，详细地探讨了三种价值取向下人们的工作目标，并针对使命价值取向论述指出：个体对工作或生活的满意度更多地取决于对工作的认识，把工作看成是事业的群体，幸福指数明显高于只把工作作为谋生手段或发展途径的群体，且在工作上花费的时间更多；个体的工作价值取向会随着个体自身的发展以及外部因素的影响而产生变化，如父母长辈的工作观念，或者工作环境的改变等；另外，三种工作价值取向之间的关系并不是完全独立的，不同的工作价值取向者在工作目标与追求上只是有不同的相对的侧重点。

根据社会认知理论（Socialcognition Theory），员工的工作价值取向会影响其工作行为，使其积极或者消极地工作。从而产生不同的体验，继而产生不同水平的生活幸福感、组织承诺与工作绩效。在使命价值取向下，员工会与组织形成情感交换关系，他们会把组织文化与使命内化在自己的行为中，从而产生较高的工作绩效。所以，在工作价值取向中，员工情绪体验在结果变量的影响过程中起中介作用。哈佛商学院的 Shoshana Dobrow（2002）在梳理关于事业取向文献的基础上归结出了持事业取向的人对工作态度的七个特点：热情性、同一性、迫切性、长久性、自觉性、意义感及自尊感。Shoshana Dobrow 认为经济发展并非国家和社会发展的终极目标；劳动者是否体验到工作意义与生活幸福应该成为衡量个体、组织与社会发展的重要指标之一。总之，工作价值取向理论在西方社会学、人力资源开发与组织行为领域已经占有一席之地。随着研究的深入，不少学者已经将重点转向呼唤取向研究（田喜洲和谢晋宇，2010），因为随着物质生活的逐渐富足，越来越多的人开始追求"做自己喜欢做的事情，并找回真实的自我"（刘群英，2009）。

本书量表参考 Wrzesniewski（1999）的量表对工作价值取向结构的划分，通过对价值取向项目的主成分分析提出工作价值取向三分法，包括工作支持、员工价值认同、关心利益。

工作使命价值就是人们会主观地定义其工作价值取向是使命价值取向，从使命价值取向的工作目的角度出发，研究和诠释工作意义的概念，进而影响到个体对工作的感觉及其在工作中的行为。国内现有的工作价值取向影响相关研究还处于起步阶段，并且主要聚焦于工作价值取向的主效应（直接影响），而对影响机制的探讨较少。工作价值取向的分析探讨在实践分析和理论分析两种层面都有很深远的意义：在理论分析上，工作价值取向包含了个体对工作在生活中所起作用的认识、对工作的主观感受以及期望通过工作实现的目标。因此，工作价值取向直接影响个体的工作态度与行为，反映了人与工作的关系，进而影响其自我认同与职业成功。在实践分析上，分析工作价值取向研究现状有利于探讨如何更好地构建雇佣关系和确立组织使命，特别是对于跳出以雇主为导向的研究思路从员工个体或群体的角度考察雇佣关系，具有重要的理论意义（赵曙明，2011）。把工作价值取向概念引入我国人力资源管理，特别是员工职业生涯管理研究，有利于构建我国情境下工作价值取向理论模型与研究框架，建立新的主观职业成功标准，对于我国人力资源管理具有现实价值。

随着研究的深入，不少学者已经将重点转向使命价值取向研究，因为随着社会经济的发展和物质生活的逐渐富足，越来越多的人选择"做自己喜欢做的事情，做自己喜欢的工作，找回真实的自我"，因此，目前西方学者逐渐将呼唤取向及其影响作为研究重点（田喜洲和谢晋宇，2010；刘群英，2009）。目前，从国内环境来看：我国处于社会转型期，多元文化影响下传统观念与现代观念的交融日趋明显（杨国枢，2004）。虽然人民生活水平得到了极大的提高，但随着竞争加剧，劳动者的工作意义感与生活幸福感却没有得到相应提升。工作价值取向理论在西方社会学、人力资源开发与组织行为领域已经占有一席之地，但是国内工作价值取向转变影响因素及其作用机理研究几乎还是空白。本书参考田喜洲和谢晋宇（2010）的呼唤取向研究，从工作目的角度诠释工作意义以及人与工作的工作价值取向关系；特别是"呼唤"维度把工作解释为奉献、服务与物质超越，从而使劳动者更多地感知到工作意义、个人使命与真实自我。

6.1.3　组织支持感

20 世纪 80 年代中期，Eisenberger 发现当员工感受到来于组织方面的支持（如感觉到组织对其关心、支持、认同）时，会受到鼓舞和激励，从而在工作中有好的表现。在进行了系列研究以后，Eisenberger 提出了组织支持感理论（Perceived Organizational Support，POS）。

组织支持感是基于互惠理论、社会交换理论以及组织拟人化提出的，组织如何看待员工的贡献并关心员工的利益的一种看法，换句话说，就是员工所感受到的，来自组织方面的支持和是否重视员工贡献和关注员工幸福感的全面看法。

从"组织支持感"这个概念提出以后，国外学者对组织支持感开展了广泛的研究。组织支持理论认为，为了满足社会情感需求和判断组织是否会对自己的努力做出回报，员工会形成一种有关组织重视其贡献并关心其福祉的信念，即组织支持感。组织支持感建立在员工对组织的人格化基础上，来源于个体对影响他们的组织政策、程序、规则、行动的体验和动机归因。

Eisenberger 认为，员工与组织之间的雇佣关系是员工以个人的努力工作和忠诚换来的物质利益和尊重等情感需要的满足，组织对员工的关心和重视是导致员工愿意留在组织内，努力工作，为组织做出贡献的重要原因，即先有组织对员工的承诺，然后才会有员工对组织的承诺，员工用感知到的组织重视他们的贡献和关心他们的福利的程度，来推断组织对员工的承诺程度。

组织支持感满足了员工的心理需求，如果员工感受到组织愿意而且能够为他们的工作提供支持并进行回报，员工就会为组织的利益付出更多的努力。高的组织支持感会使员工产生对组织的责任感和使命感，员工不仅会感觉到必须对组织作出承诺，而且会认为有责任通过实际行动来支持组织目标以回报组织支持。因此，高组织支持感反映了组织对员工的积极导向，员工则会表现出积极的态度与行为。

POS 理论提出了一个全新的研究内容：它强调组织对于员工的支持才是导致员工愿意为组织做出贡献的重要因素；而以往的研究强调员工对组织的贡献，忽略了组织对员工的支持。新颖的视角使研究者对 POS 进行了大量的研究，得到了很多有意义的结论：Chiaburu 等认为组织支持感是员工感知到的组织重视其工作贡献和关心其工作是否幸福的程度，是来自于员工对组织的知觉和看法；新生代员工对组织的期望往往过于理想化，面对现实与理想的差距，容易产生心理落差，造成其对组织的认同感降低，组织支持感下降。

依据组织拟人化理论，领导的态度、行为会被员工视为组织意识的表达，因此，当新生代员工感知到来自领导的支持、照顾时，会将其视为是来自组织的支持。组织支持理论认为：如果员工在工作情境中能够得到领导的认可与理解，将促进员工的组织支持感产生与增强。

大量研究表明，组织支持感正向影响员工的工作态度、任务绩效和角色外行为。然而，已有研究通常将组织支持感视为员工与组织之间的二元对偶（Dyadic）关系，关注员工自身获得的组织支持的"绝对值"及其对员工的态度或行为影响。而在工作情境中，员工在判断组织对自己的关心和支持时，社会信息或社会影响同样起到了重要作用；同时，由于组织支持感是员工对组织对待他们的方式和质量的一种主观评价，因缺乏组织支持应该达到什么程度的客观标准，员工更可能通过社会比较来判断自己是否得到了组织的良好对待。

本书参考刘智强、邓传军、廖建桥和龙立荣（2015）的组织支持感量表，设置单维度变量进行统计分析，主要集中在三个方面：组织支持感的测量、影响组织支持感的因素和组织支持感对组织和员工的作用。在组织支持感测量方面：目前采用的大多是 Eisenberger 开发的组织支持感问卷（SPOS），由 36 个项目组成。在不同行业和不同组织员工被试样本中的研究结果，都具有很高的内部信度和单维性。所以大多数的组织支持感研究采用的是从 SPOS 问卷中抽出的 17 个因素负荷较高的条目，或是采用条目更少的短型问卷替代 36 个项目的问卷。在影响组织支持感的因素方面，根据以往大多数研究结果，有四种主要因素会增强员工的组织支持感：公平、领导支持、组织奖赏和良好的工作条件。一些研究也考察了个体差异，如个性特征或人口统计学变量等因素对组织支持感的影响。

组织支持感有助于员工提高组织承诺感，激励员工表现更多的组织公民行为（如协助同事、主动帮助他人、向管理者提出合理化建议）和更多的角色内行为，减少缺勤。但是，在 SPOS 对员工组织公民行为的影响研究中，国外学者也得出了一些相互矛盾的结论：例如，美国学者 Wayne 等的研究结果表明，组织支持感能促使员工表现出更多的利他行为，而 Eisenberger 等的研究结果是，组织支持感与员工的组织公民行为没有显著的相关关系。澳大利亚学者 Bell 和 Menguc 的实证研究则表明：虽然组织支持感对组织公民行为没有直接影响，但可以增强员工对组织的认同感，间接影响员工的组织公民行为。应用到组织支持的评价过程中，员工通过与群体成员相比较而形成的有关组织支持程度的认知就是相对组织支持感。因此，相对组织支持感是指员工对关于与群体成员平均支持水平相比他们获得的组织支持的评价。目前，相对组织支持感的实证研究还很少，仅有的研究检验了相对组织支持感对组织承诺和组织支持感的直接影响，缺乏实证分析组织支持感与相对组织支持感同时对员工情感承诺的影响。

6.1.4　内隐创业型领导与员工主动担责行为

在新冠疫情常态化的后疫情时代，随着经济发展的不确定事件的动态变化，各个组织的领导方式也发生了改变，内隐创业型领导也逐渐进入领导者的视线。虽然内隐创业型领导在国内的相关应用还没有普及，但是以往研究表明，员工的行为会受到领导方式的重要影响，领导者在高度不确定环境时采取的领导的方式、方法，会直接影响员工的工作态度，从而驱动行为的产生。特别是在疫情常态化的背景之下，内隐创业型领导要在动态不稳定的环境下创造机会，并且对机会加以识别和利用；在自身敢于突破"舒适区"面对风险、抵抗压力、保持自信的同时，说服员工和利益相关者，构建组织愿景感召员工，明确约束员工行为，提出合理化建议，支持下属突破和创新，促使其理解并认可组织愿景，激励员工创造价值，激发创新活力。因此，本书提出以下假设：

H1：内隐创业型领导正向影响员工主动担责行为。

6.1.5　使命价值取向的中介作用

具体来看，主动行为是个体有意识的、朝着明确目标和方向努力的结果；使命价值取向反映了员工对组织中给定工作角色认知和责任充分理解的程度，因而可能是联结创业型领导与员工主动担责行为之间的一个重要桥梁。此外，在环境不确定性日益增强的背景下，个体在工作过程中所面临的角色压力加大，如果缺少组织必要的支持，个体主动担责的意愿将明显减弱，对员工主动担责行为的接受程度也将产生负面影响。

工作环境特征不但可以直接对员工的工作态度和行为产生影响，还可以通过引起消极或积极的工作事件来引发员工的情感反应影响员工的态度和行为。在疫情背景之下，内隐创业型领导可以使组织在面临危机时提高抵御风险的能力，减少工作中消极事件的产生，使组织能够正常有序运行，开辟新的发展或管理思路，给组织带来一系列积极事件，从而使员工产生积极的情感反应，产生对认同领导者的积极态度，做出主动担责的行为。因此，内隐创业型领导会正向影响使命价值取向。在与工作价值取向相关的结果变量的研究之中，使命价值取向会影响个体的态度和行为，减少反生产行为，积极主动担责。同时，积极、正向的情感反应会引起员工积极的态度和行为。使命价值取向作为中介变量在以往的研究中频频出现，以上均获得了较高程度的证实。因此，本书提出以下假设：

H2：内隐创业型领导正向影响使命价值取向。

H3：使命价值取向在内隐创业型领导与员工主动担责行为之间起中介作用。

6.1.6　组织支持感的调节作用

组织支持感会使员工产生一种关心组织利益的义务感、归属感以及情感需求的满足，从而增加员工对组织的感情承诺；是员工对疫情背景之下所面临的各种不确定因素的发生可能性、可控程度等的一种感知；会影响员工的行为和选择。而在与员工积极追随行为相关的前因变量研究中，除了领导和组织这两种因素会影响员工的追随行为外，对员工的追随行为产生重要影响的因素还有其个体因素，特别是员工的特质和动机的影响。根据动机理论，"需要"达到一定的强度会产生"动机"，而"动机"会推动行为的产生，在疫情背景下，感知疫情风险与每个员工息息相关，不同的风险感知会让员工有不同强度的"需要"，从而有不同的动机性质或动机强度，进而会对员工的追随行为产生不同的影响。因此，本书提出以下假设：

H4：组织支持感在内隐创业型领导与员工主动担责行为之间起正向调节作用。

综合以上相关假设，得到内隐创业型领导影响员工主动担责行为的整合概念模型，如图 6-1 所示。

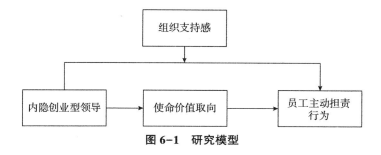

图 6-1 研究模型

6.2 研究设计

6.2.1 研究量表

（1）内隐创业型领导的测量

借鉴本书开发的量表，该量表有五个维度：任务专家、情境塑造、德性、智性和中道，共 18 道题，无反向计分题。

（2）员工主动担责行为的测量

经检验，Parker 和 Collins（2010）编制的量表的信效度较高，且与本书主题较为接近。因此，本书的研究主要根据本次研究主题和定义，借鉴Parker 和 Collins（2010）编制的员工主动担责行为量表，在此基础上结合疫情常态化背景进行适当修改，并采用了 Likert 五级评分。具体题目包括："我总是尝试优化工作场所的工作程序和流程""我经常试着为所在单位制定能够提升工作效率的新方法""我经常努力解决一些紧急的组织问题"。

（3）使命价值取向的测量

由于 Wrzesniewski（1999）的量表体现了使命价值取向对于员工行为的影响，同时也较为符合本书对于使命价值取向的定义，且该量表具有较好的信效度，在工作价值研究中广泛使用，因此，本书采用 Wrzesniewski（1999）的使命价值取向量表进行测量，并采用了 Likert 五级评分。具体题目包括"在上班时间之外开展工作，我同样会感到快乐""工作已经成为我生命中不可或缺的重要组成部分""我发现自己从事的工作很有价值"。

（4）组织支持感的测量

本书借鉴了刘智强、邓传军、廖建桥和龙立荣（2015）的组织支持感量表，该量表有较高的信效度，较为符合本次的研究主题；且基于中国情境开发，在中国文化的背景下得到了有效的验证。因此，本书采用刘智强、邓传军、廖建桥和龙立荣（2015）的组织支持感量表进行测量，题目包括"公司会考虑我的意见""公司顾及了我的利益""公司尊重我的目标和价值观""公司乐意提供帮助"等。

（5）控制变量的选择

本书的控制变量包括性别、年龄和受教育程度等人口统计学变量。在这些变量中，被调查者的性别中男性用"1"表示，女性用"2"表示；被调查者的年龄范围划分为"00后""90后""80后"和"70后及以上"；被调查者所在的组织性质主要划分为"政府机关/事业单位""国有企业""民营企业""外资及合资企业"及"其他"；被调查者在当前组织工作的时间划分为"1年及以下""2~3年""4~5年""6~10年"和"10年以上"；被调查者的受教育程度以"高中/中专及以下""大专""本科"和"硕士及以上"进行划分；此外，还有一些与本书密切相关的变量需要控制，即所在的组织性质、工作年限。

6.2.2　数据采集与分析方法

本书主要运用微信，在微信好友和微信朋友圈中发放问卷，调查历时两周，共回收300份问卷。在收集了数据并进行整理之后，利用SPSS 19.0对样本数据进行分析：首先通过对样本的描述性统计来了解被调查者性别、受教育程度、年龄、所在的组织性质、在当前组织工作的时间这些基本信息；其次通过探索性因子分析对四个变量的量表进行效度检验；再次采用内部一致性（Cronbach's Alpha）进行四个变量的量表以及问卷整体的信度分析；最后运用SPSS 19.0进行变量间的相关性分析和回归分析，来验证使命价值取向的中介效应和组织支持感的调节效应。

根据表6-2可知，本书的问卷样本中男性占比34.7%，女性占比65.3%；性别比例较为合理，但女性偏多。从年龄结构来看，本次调查收集到的样本的年龄主要集中在"70后及以上"，占比34.0%，其次是"90后"，占比30.0%，"80后"占比29.7%，"00后"占比6.3%。从调查对象的受教育程度来看，主要集中在高中/中专及以下，占比39.3%，与它占比相似的是本科学历，占比37.0%，大专学历占比17.3%，硕士及以上学历占比6.3%。从工作年限上来看，主要集中在10年以上，占比51.0%，其次是1年及以下，占比24.3%，2~3年占比10.7%，6~10年占比8.3%，4~5年占比5.7%。从组织性质来看，除外资及合资企业样本数较少，占比为4.3%以外，其他各类型组织比例较为均匀：政府机关/事业单位占比14.3%，国有企业占比15.0%，民营企业占比31.3%，其他占比35.0%。

表6-2　样本描述统计（N=300）

个体特征	类别	频率	百分比（%）
性别	男	104	34.7
	女	196	65.3
年龄	"00后"	19	6.3
	"90后"	90	30.0
	"80后"	89	29.7
	"70后及以上"	102	34.0
受教育程度	高中/中专及以下	118	39.3
	大专	52	17.3
	本科	111	37.0
	硕士及以上	19	6.3
工作年限	1年及以下	73	24.3
	2~3年	32	10.7
	4~5年	17	5.7
	6~10年	25	8.3
	10年以上	153	51.0
组织性质	国有企业	45	15.0
	政府机关/事业单位	43	14.3
	民营企业	94	31.3
	外资及合资企业	13	4.3
	其他	105	35.0

6.3 实证研究

6.3.1 信度与效度检验

（1）量表的信度检验

信度检验采用内部一致性信度（Cronbach's Alpha）系数进行，表 6-3 为内隐创业型领导、员工主动担责行为、使命价值取向、组织支持感的信度分析：量表中内隐创业型领导 18 个题项，员工主动担责行为 3 个题项，使命价值取向 3 个题项，组织支持感 6 个题项的信度系数均大于 0.7，表明分量表可靠性相对较高，所以问卷具有可靠性。

表 6-3　信度分析

变量	Cronbach's Alpha	项数
内隐创业型领导	0.901	18
员工主动担责行为	0.758	3
使命价值取向	0.729	3
组织支持感	0.890	6

（2）量表的效度检验

效度检验从内容效度、结构效度两个方面进行：①所有量表采用现有成熟量表，题项表述经过二次修订，内容效度可靠。②结构效度通过探索性和验证性因子分析加以检验。首先，借助 SPSS 对各潜变量进行探索性因子分析，得到内隐创业型领导、员工主动担责行为、使命价值取向、组织支持感的 KMO 值分别为 0.929、0.836、0.880、0.883，均大于 0.8；Bartlett 球形检验的显著水平为 0.000（<0.01），且各变量旋转后的维度结构与量表设定保持一致；四个量表 Sig 均为 0，小于 0.05，表明四个量表有意义，适合做因子分析，自变量可以有效预测因变量的差异。然后，进

行验证性因子分析。各潜变量结构模型的拟合优度参数值水平整体较优，超过了基本要求（$x^2/df<5$；TLI>0.9；CFI>0.9；RMSEA<0.08）。由此可以判断各变量具有良好的结构效度。

6.3.2 相关性分析

相关性分析结果如表 6-4 所示，由表中数据得出：内隐创业型领导与员工主动担责行为（r=0.595，p<0.01）、使命价值取向（r=0.634，p<0.01）、组织支持感（r=0.777，p<0.01）显著正相关，假设 H1、假设 H2 得到初步验证；使命价值取向与员工主动担责行为（r=0.583，p<0.01）、组织支持感（r=0.703，p<0.01）显著正相关，假设 H3 得到初步验证；员工主动担责行为与组织支持感（r=0.614，p<0.01）显著正相关，假设 H4 得到初步验证。

其中，内隐创业型领导与使命价值取向、组织支持感相互之间的相关程度较高，特别是内隐创业型领导与组织支持感之间的相关系数要比其他变量之间的相关系数高；另外，使命价值取向与组织支持感之间的相关程度也较高；但内隐创业型领导、使命价值取向与员工主动担责行为之间的相关系数均相对较低。以上所有的相关性均为正相关，以上分析结论为本书验证假设和模型的有效性提供了依据。

表 6-4 相关性分析结果

变量		内隐创业型领导	员工主动担责行为	使命价值取向	组织支持感
内隐创业型领导	Pearson 相关性	1	0.595**	0.634**	0.777**
	显著性（双侧）		0.000	0.000	0.000
员工主动担责行为	Pearson 相关性	0.595**	1	0.583**	0.614**
	显著性（双侧）	0.000		0.000	0.000
使命价值取向	Pearson 相关性	0.634**	0.583**	1	0.703**
	显著性（双侧）	0.000	0.000		0.000
组织支持感	Pearson 相关性	0.777**	0.614**	0.703**	1
	显著性（双侧）	0.000	0.000	0.000	

注：** 表示在 1% 水平（双侧）上显著相关。

6.3.3 回归分析与假设检验

（1）主效应以及使命价值取向中介效应验证

如表6-5所示，模型以员工主动担责行为为因变量进行回归分析。在模型中，将性别、年龄、受教育程度、工作年限、组织性质这些控制变量和标准化的内隐创业型领导、使命价值取向、组织支持感作为自变量分别进行回归分析，最后结果汇总如下：

内隐创业型领导对员工主动担责行为具有显著的正向影响（$\beta = 0.292$，$p < 0.001$）。因此，本书假设"H1：内隐创业型领导正向影响员工主动担责行为"成立；内隐创业型领导对使命价值取向具有显著的正向影响（$\beta = 0.192$，$p < 0.001$）。因此，本书假设"H2：内隐创业型领导正向影响使命价值取向"成立。

在控制了中介变量使命价值取向对因变量员工主动担责行为的影响之后，再检验自变量内隐创业型领导的效应是否发生了显著的变化。由上面的分析可得，内隐创业型领导与员工主动担责行为之间呈显著正相关关系（$\beta = 0.292$，$p < 0.001$），内隐创业型领导与使命价值取向呈显著正相关关系（$\beta = 0.192$，$p < 0.001$），将内隐创业型领导与使命价值取向同时加入回归模型之后，使命价值取向对员工主动担责行为具有显著的正向影响（$\beta = 0.285$，$p < 0.001$）。此时，危机领导力对员工积极追随行为的正向影响β值由未加入中介变量领导认同时的0.292变成了0.401，因此，认为员工积极追随行为融入了危机领导力对员工主动担责行为的正向影响机制。因此，本书假设"H3：使命价值取向在内隐创业型领导与员工主动担责行为之间起中介作用"得到了部分验证。

（2）组织支持感调节效应验证

为了检验组织支持感在第二阶段的调节作用，本书构建了组织支持感和使命价值取向的交互项（组织支持感×使命价值取向），见表6-5。根据回归分析结果，交互项对员工主动担责行为的影响显著（$\beta = 0.121$，$p < 0.05$）。因此，本书假设"H4：组织支持感在内隐创业型领导与员工主动担责行为之间起正向调节作用"成立。

表 6-5 回归分析结果

模型	非标准化系数		标准化系数	T	显著性
	β	标准错误	β		
（常数）	1.129	0.351		3.217	0.001
使命价值取向	0.192	0.051	0.238	3.729	0.000
内隐创业型领导	0.292	0.081	0.231	3.618	0.000
调节项	0.121	0.024	0.242	3.903	0.013
组织支持感	0.268	0.066	0.301	4.054	0.000
性别	−0.044	0.065	−0.034	−0.684	0.494
年龄	0.032	0.050	0.049	0.645	0.520
受教育程度	−0.037	0.036	−0.060	−1.032	0.303
工作年限	−0.030	0.028	−0.084	−1.077	0.282
组织性质	0.011	0.020	0.027	0.560	0.576

（3）中介效应检验

本书选用 Processs 插件对中介效应和调节效应进行验证，使用 Model 4 对所收集的 300 份样本进行分析，假设变量 X 为内隐创业型领导的标准化数据，变量 Y 为员工主动担责行为的标准化数据，变量 M 为使命价值取向的标准化数据，分析检验结果见表 6-6、表 6-7：

表 6-6 主效应、直接效应、中介效应验证统计

主效应

期望值	标准差	t 值	p 值	置信区间最低值	置信区间最高值
0.7688	0.0602	12.7738	0.0000	0.6504	0.8872

直接效应

期望值	标准差	t 值	p 值	置信区间最低值	置信区间最高值
0.4867	0.0735	6.6193	0.0000	0.3420	0.6314

中介效应

中介变量	期望值	Boot 标准差	Boot 最低值	Boot 最高值
使命价值取向	0.2821	0.0518	0.1840	0.3893

表 6-7　中介效应的 bootstrap 检验

结果变量：员工主动担责行为

变量	系数	Boot 均值	Boot 标准差	Boot 最低值	Boot 最高值
	0.8992	0.8931	0.3054	0.2941	1.4818
内隐创业型领导	0.4867	0.4871	0.0918	0.3067	0.6686
使命价值取向	0.2781	0.2791	0.0504	0.1817	0.3785

6.4　结论与管理启示

本书立足于新冠疫情常态化背景下组织发展所面临的现实问题。主要采用了文献研究和实证研究的方法，利用相关理论构建了内隐创业型领导的假设模型，提出了与本书相关的 4 个研究假设，并借助 SPSS 19.0 通过实证分析法对收集到的 300 份样本进行数据分析。所得到的研究假设的验证情况如表 6-8 所示：

表 6-8　假设验证情况总结

假设	验证情况
H1：内隐创业型领导正向影响员工主动担责行为	通过验证
H2：内隐创业型领导正向影响使命价值取向	通过验证
H3：使命价值取向在内隐创业型领导与员工主动担责行为之间起中介作用	通过验证
H4：组织支持感在内隐创业型领导与员工主动担责行为之间起正向调节作用	通过验证

由表 6-8 可知，本书对新冠疫情下内隐创业型领导对员工主动担责行为的影响的研究基本成功地验证了预期的结果。

（1）内隐创业型领导对员工主动担责行为产生正向影响

随着员工主动担责行为的重要性日益凸显，探究影响员工主动担责行为的主要因素以及如何激发员工主动担责行为的产生也就非常重要，而作为员工在工作中接触最密切的领导者，无疑对员工行为有着很大影响。在以往的研究中，大多关于领导方式的研究都是其他的领导方式，比如变革型领导；但是在突发事件或危机事件之下，领导环境会发生巨大的变化，考验领导者的能力。在此次新冠疫情的影响下，各个组织都受到了大大小小的冲击或影响；在这种情况下，以前的领导方式已经无法满足领导者在管理过程中的需要，而内隐创业型领导却可以使领导者在面临疫情时做出积极的反应：内隐创业型领导可以使领导者以其人格魅力、系统思考的能力、良好的互动沟通能力以及愿景激励能力等来预测组织可能面临的危机，制定相应的应对措施，以降低组织发生各种风险的可能性，加强学习和反思，以避免类似的危机再次发生；让员工对领导者在此次疫情中的表现和行为信任，理解组织面对的困难和危机，从而促进其主动担责行为的产生。

（2）内隐创业型领导对使命价值取向有着正向影响

如果一个领导者在组织面临危机时越能体现出自己的能力，其行为越能有利于员工和组织的生存和发展，员工就越容易产生对该领导的认同和信任；如果领导者可以在疫情之下为员工勾画一个相对较为稳定和安全的工作愿景，就会在一定程度上减少消极工作事件的发生，增加积极事件发生的可能性。从而引发员工的积极情绪，增加对领导者的认同。

（3）使命价值取向中介作用于内隐创业型领导和员工主动担责行为之间

影响员工主动担责行为的因素主要包括个体、领导者和组织几个层面，但在面临危机事件诸如此次的新冠疫情时，领导者和组织的支持发挥着重要的作用，领导者的领导方式对员工主动担责行为产生起着重要影响：领导者越有能力处理好疫情对组织的负面影响，员工就会越认同和信赖该领导者，进而积极追随该领导者。领导者的领导能使员工在疫情之下拥有一个安全稳定的工作环境。在这种工作环境之下，积极的工作事件越容易发生，越容易让员工产生积极的情感反应，引起员工主动担责行为。

（4）组织支持感在内隐创业型领导与使命价值取向之间起正向调节作用

虽然领导者的因素在影响员工主动担责行为的机制中起重要作用，但新冠疫情作为突发危机事件，势必对每个个体的生产和生活都产生或多或少的影响，因此，在这种背景下，员工自身的个体因素也是影响其主动担责行为的重要一环。

7

内隐创业型领导与网络怠工
行为的关系研究

7.1　理论基础与研究假设

7.1.1　网络怠工行为

（1）网络怠工行为的内涵

网络怠工行为又被称为"网络闲散行为"，是管理学界的新名词。Guthrie 和 Gray（1996）称其是一种不符合组织需求应用信息网络的垃圾计算机行为；Lim（2002）称其为员工在工作时间内利用组织网络资源处理与工作无关的私事行为，网络怠工行为得到广泛引用和论证；此外，网络怠工行为还被描述为员工在工作时间经互联网施行个人娱乐和不法传播活动以致消极怠工的现象（梁志，2006）。

本书将网络怠工行为概括为员工出于个人目的，在工作时间使用组织网络资源，造成生产力降低或组织目标受损的随意性工作偏差行为。

（2）网络怠工行为的维度和测量

网络怠工行为研究领域存在单维度、双维度和多维度划分标准和测量方法：第一，单维度。Lara（2006）等编制含 Lim（2002）量表浏览活动维度中的四题目及邮件活动维度中一题的五项目单维量表。Cornrliu J 等（2014）提出单维度六问题量表进行测量。第二，双维度。Lim（2002）编制了浏览和邮件活动双维检测量表，其具有良好的信效度，得到一致认同并被广泛引用。从网络怠工行为对组织负面影响轻重程度视角（Mastrangelo，2006；Blanchard 等，2008），将网络怠工行为分为非生产行为性质、反生产行为性质两种类型，前者发生的频率更高，如发送邮件、听音乐等，后者发生频率较低，与组织文化不相容，如在线赌博、浏览成人网站等。赵书（2013）编制了含 16 个项目的浏览和个人电子邮件双维非工作上网行为量表。第三，多维度。从网络功能使用视角，将网络怠工行为分为三种类型（Andreassen 等，2004），即消遣娱乐型、破坏型、学习型。Blau 等（2006）将网络怠工行为分为浏览、与工作无关的收发邮件和交际行为三个维度。吕会荣（2016）设计含信息交际、空间文娱、投资理财、网络购物四维度 12 项量表，信效度良好。Akbulut 等（2016）编制含购物、分享、实时更新、在线访问和游戏/赌博五维度测量量表。

（3）网络怠工行为相关研究

目前，学界对网络怠工行为的影响因素研究从个人因素和环境因素两方面展开，具体见表 7-1。一方面，网络功能的日益丰富满足了员工的某些个人需求，且上网的工具具有高隐蔽性，可能招致员工忽视组织的束缚力，更易受到个人认知因素影响，偏离工作要求和任务，频繁地从事网络怠工活动；另一方面，个人拥有有限的时间、金钱、注意力和精力来满足他们的工作需求，工作需求显著增加了工作倦怠。人们通过不断跨越工作与生活之间的边界，试图达到工作与生活的平衡，缩小角色冲突，在工作时间之外工作可能是员工"网络怠工"的正当理由。

表 7-1　网络怠工行为的影响因素汇总

	分类	具体因素
个人因素	个人背景	性别、年龄、生活习惯
	人格特质	大五人格、情绪稳定性、效能感、开放性、自我调控
环境因素	认知因素	责任感、主观规范、中和技术、知觉行为控制、心理赋权、期望规范、私人需求、社会期待倾向、信息安全意识、行为态度、逃避主义、感知威胁、自我控制

分类		具体因素
环境因素	组织特征	组织公正、组织承诺、组织约束、互联网使用规定、主管支持、职场排斥、员工激励
	工作特点	工作资源、工作需求、角色定位、工作单调性
	网络环境	隐蔽性、便利性、娱乐性、网络接触频率

资料来源：作者根据文献整理。

目前，关于网络怠工行为变量的影响结果研究较少。网络怠工行为由组织承担成本，大部分研究认为，网络怠工行为降低了 30%~40% 的组织绩效；且与工作目的无关的网络使用行为还会导致员工之间人际关系紧张、私人信息外泄、网络安全威胁、法律问题、人力资源受损、性骚扰等问题。

7.1.2　使命价值取向

（1）使命价值取向的内涵

在组织行为学研究中，美国社会学家 Bellah 等（1985）将使命价值取向描述为个体为了超越自身利益和发展的内在享受，即"追求工作意义"；其隶属于工作价值取向，区别于个体将工作作为获得经济收入来源以及获取晋升、权利地位手段的谋生取向和职业取向。高使命价值取向者将工作看作一种生活方式，通过工作获得快乐、充实与自由的人生体验（田喜洲等，2013）。于春杰（2014）认为使命价值取向是个体对待工作的价值观，有强烈意愿从事某个职业领域，并希望从此领域实现个人价值。

综上，本书将使命价值取向定义为个体有着强烈职业身份认同感知的，从内心深处感受到真实自我和生命意义的特殊炽热情结。

（2）使命价值取向的维度和测量

Bunderson（2009）从工作热情、认同感及人与环境匹配三个方面，共6个题项测量使命价值取向；使命价值取向包含内心超然感、工作意义和使命感三维度，经历寻求使命和拥有使命两个过程（Dik 和 Duffey，2009）；Dobrow 和 Jennifer（2011）建立了相对完善的使命价值取向 12 题项量表。我国学者田喜洲（2010）将使命价值取向分为目标、意义和唤醒自我三维度，并与张屿（2016）开发了中国情境下的 22 个项目的工作价值取向量表。

（3）使命价值取向相关研究

使命价值取向会受到个体价值观、宗教、民族、经济、家庭等条件影响，并且一定组织因素亦可以改变员工对于工作的认知和见解，使个体工作价值取向转化为使命价值取向（McGree，2003），或提高相应指标水平。田喜洲（2010）跟踪研究表明有关使命价值取向的良性螺旋式循环变化涵盖无意识、下意识、有意识与强意识四个阶段。此外，高使命价值取向者表现出更高的社会公平信念和工作安全感，与组织绩效、员工工作满意度较其他工作价值取向呈正相关，且对员工任务绩效、人际促进、奉献精神具有显著正向效应。

7.1.3 员工传统性

（1）员工传统性的内涵

员工传统性由台湾学者杨国枢等（1995）首次提出，定义其为在传统社会影响下，一系列个体态度、气质类型、价值观取向和行为组合，还被称为对中国传统社会的规则和思维观点的尊重、接受和承诺（谢家琳，2008）。员工传统性被强调员工领导成员等级角色关系认可以及忠实虔诚，且由 Farh（1997）引入组织管理研讨。传统性高的员工在工作和生活中表现出明显的传统文化特征：倾向更加信服权威，更愿意完成他人期待的事情，注重中庸谦让、和谐共处，具有较强的集体主义意识，避免冲突等。

综上，本书将员工传统性概括为个体在人际交往、道德规范和企业政策等条件下，形成具有中国传统文化内涵的气质、认知、情感和行为。

（2）员工传统性的维度和测量

樊景立等（1989）最早开发了 15 题项传统性测量量表。杨国枢（1995）开发了权威遵从、安分守己、尊亲敬祖、男性优越以及宿命自保五维度量表，得到学界一致认同。Farh（1997）删减并编制了 5 题项单维度简易量表，后续被诸多实证研究所采用。

7.1.4　内隐创业型领导与网络怠工行为

资源保存理论认为，个体将现有资源投入于积极行为是为了获得新的资源并实现资源增值，即产生资源增值螺旋。公司内部的工作资源的社会和人际关系包括团队氛围、主管和同事支持（Elrehail，2020）。内隐创业型领导持有通过愿景创建、机会挖掘、风险承担、自主权赋予、决策参与、角色清晰和反馈等诸多稀缺资源支持和干预，促使下属在遇到工作压力及不利己工作事件时，倾向做出积极心理调整，唤醒奉献、活力和专注（Schaufeli 和 Baker，2004）投入于工作，从而抑制网络怠工行为等工作偏差行为；反之，被赋予工作资源难以满足职业发展及工作需要的个体为避免资源进一步丧失，很可能较少工作投入，并采取网络怠工行为"报复"手段应对工作压力及寻求心理平衡。网络怠工行为等工作偏差行为后果不仅会导致员工遭受经济惩罚，还会丧失如表扬、晋升机会、奖励等大量领导者持续资源支持，有悖于高资源获取者资源增值螺旋。总之，内隐创业型领导通过将拥有的稀缺资源满足员工需求及维系上下级亲密情感纽带，促使员工保持积极的情绪状态及先动性，自主加大工作投入，继而减少网络怠工行为的滋生。由此，本书提出以下假设：

H1：内隐创业型领导负向影响网络怠工行为。

7.1.5　使命价值取向的中介作用

根据资源保存理论，个体拥有内在动力以获取自尊、自我意识等重要个人资源。当被赋予更多的工作资源时，员工感受到本身效能和使命感，产生积极的、满足的、与工作相关的感受，进而使命价值取向提高；而这一转化首先直接作用于工作态度和状态、调动工作行径，继而对减少网络怠工行为等工作偏差行为作铺垫。其原因在于，与低使命价值取向者相比，高使命价值取向者的重要个人资源（如自我意识）与当前工作更相关，更可能将目前的职业纳入自我概念的一部分及更高的情感认同，因而有更强的意愿通过高水平角色内外绩效以验证和维护自我概念和价值。由此，本书提出以下假设：

H2：使命价值取向是内隐创业型领导与网络怠工行为的中介。

7.1.6　员工传统性的调节作用

组织领导者与员工行为关系研究无法漠视本土文化特性：员工传统性被视为我国文化中具有代表性的个体价值取向，较高水平者表现出较高的领导成员交换关系与个人和职业身份认知，削弱组织不利因素对下属工作绩效和满意度的影响，表现出较低的工作偏差行为；此外，传统性调节领导方式对员工亲组织非伦理行为产生不同水平的影响，在组织行为学研究中具有很好的预测性和解释力。由此，本书提出以下假设：

H3：员工传统性在内隐创业型领导与网络怠工行为之间起调节作用。

综合以上相关假设，得到内隐创业型领导对网络怠工行为影响的概念模型，如图7-1所示。

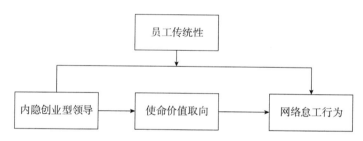

图7-1　内隐创业型领导对网络怠工行为的作用机制概念模型

7.2　研究方法

7.2.1　数据收集

本书采用问卷调查法对全国29个省份108个城市中的一线中小型组织员工进行数据样本采集和调研，共筛选300份有效问卷，样本特征如表7-2所示。

表 7-2　有效样本统计特征

基本信息	类别	比例（%）
性别	男	34.7
	女	65.3
年龄	"00 后"	6.3
	"90 后"	30.0
	"80 后"	29.7
	"70 后及以上"	34.0
受教育程度	高中/中专及以下	39.3
	大专	17.3
	本科	37.0
	硕士及以上	6.3
工作年限	1 年及以下	24.3
	2~3 年	10.7
	4~5 年	5.7
	6~10 年	8.3
	10 年以上	51.0
单位性质	国有企业	15.0
	政府机关/事业单位	14.3
	民营企业	31.3
	外资及合资企业	4.3
	其他	35.0

7.2.2　研究量表设计

本书参考多维内隐创业型领导量表，Wrzesniewski（1999）的工作价值取向量表，Lim（2002）及陆璐、戴春林（2020）开发的多维网络怠工量表以及 Farh 等（1997）开发的单维员工传统性 5 题项量表，根据目标被试及具体研究情况，对题项及文字表达进行适度修改与调整，并采用 Liket 5 级计分方式，"1"代表"非常不同意"，"5"代表"非常同意"。

量表分别选取被试者性别、年龄、受教育程度、工作年限及单位性质人口统计学因素作为控制变量：男性编码为 0，女性编码为 1；年龄按照"00 后""90 后""80 后""70 后及以上"划分，编码分别为 1、2、3、4；受教育程度依照高中/中专及以下、大专、本科、硕士及以上划分，编码分别为 1、2、3、4；工作年限按照 1 年及以下、2~3 年、4~5 年、6~10 年和 10 年以上划分，编码分别为 1、2、3、4、5；被调查者所在单位的性质按照国有企业、政府机关/事业单位、民营企业、外资及合资企业以及其他划分，编码分别为 1、2、3、4、5。

7.3　假设检验

7.3.1　信效度分析

信度检验采用内部一致性信度（Cronbach's Alpha）系数进行。表 7-3 为内隐创业型领导、网络怠工行为、使命价值取向、员工传统性量表的信度分析。量表中内隐创业型领导 18 个题项，网络怠工行为 10 个题项，使命价值取向 3 个题项，员工传统性 5 个题项的信度系数均大于 0.7，表明分量表可靠性相对较高，问卷具有可靠性。

表 7-3　信度分析

变量	Cronbach's Alpha	项数
内隐创业型领导	0.901	18
网络怠工行为	0.921	10
使命价值取向	0.729	3
员工传统性	0.733	5

效度检验从内容效度、结构效度两个方面进行：①所有量表采用现有成熟量表，题项表述经过二次修订，内容效度可靠。②结构效度通过探索性和验证性因子分析加以检验。首先，借助 SPSS 对各潜变量进行探索性

因子分析，得到内隐创业型领导、网络怠工行为、使命价值取向和员工传统性的 KMO 值分别为 0.929、0.904、0.780、0.799，均大于 0.7；Bartlett 球形检验的显著水平为 0.000（<0.01），且各变量旋转后的维度结构与量表设定保持一致；四个量表 Sig 均为 0，小于 0.05；表明四个量表有意义，适合做因子分析，自变量可以有效预测因变量的差异。然后，进行验证性因子分析。各潜变量结构模型的拟合优度参数值水平整体较优，超过了基本要求（$X^2/df<5$；TLI>0.9；CFI>0.9；RMSEA<0.08）。由此可以判断各变量具有良好的结构效度。

7.3.2 相关分析

变量网络怠工行为与内隐创业型领导、使命价值取向、员工传统性之间的相关关系结果如表 7-4 所示：内隐创业型领导与网络怠工行为、内隐创业型领导与使命价值取向、使命价值取向与网络怠工行为之间均在 99% 水平上显著，且内隐创业型领导与网络怠工行为 Pearson 相关系数值为 -0.297，表明内隐创业型领导与网络怠工行为显著负相关；内隐创业型领导与使命价值取向相关系数值为 0.634，表明内隐创业型领导与使命价值取向显著正相关；使命价值取向与网络怠工行为之间相关系数值为 -0.269，表明使命价值取向与网络怠工行为之间显著负相关。此外，还发现员工传统性与网络怠工行为呈一定正向相关性，系数为 0.154。由此，初步证实内隐创业型领导与网络怠工行为、内隐创业型领导与使命价值取向、使命价值取向与网络怠工行为、员工传统性与网络怠工行为之间都存在显著相关关系。

表 7-4 相关性分析结果

	内隐创业型领导	使命价值取向	网络怠工行为	员工传统性
性别	-0.019	-0.098	0.051	-0.041
年龄	-0.017	0.038	-0.066	0.018
受教育程度	-0.038	-0.107	0.128[*]	0.006
工作年限	0.046	0.102	-0.091	0.042
单位性质	0.006	0.006	-0.013	-0.101

	内隐创业型领导	使命价值取向	网络怠工行为	员工传统性
内隐创业型领导	1	0.634 **	−0.297 **	0.231 **
使命价值取向		1	−0.269 **	0.206 **
网络怠工行为			1	0.154 **
员工传统性				1

注：* 表示在 5% 水平（双侧）上显著相关；** 表示在 1% 水平（双侧）上显著相关。

7.3.3　回归检验

本书假设验证采用线性回归逐步检验分析方法进行，结果见表 7-5。

表 7-5　回归分析结果统计

变量	网络怠工行为				使命价值取向
	M1	M2	M3	M4	M5
性别	0.052	0.041		0.039	−0.099
年龄	0.014	0.006		0.006	−0.068
受教育程度	0.120	0.109		0.101	−0.092
工作年限	−0.005	0.000		−0.007	0.046
单位性质	−0.010	−0.008		0.014	0.016
内隐创业型领导	−0.291 ***	−0.220 **		−0.385 ***	0.625 ***
使命价值取向		−0.114	−0.269 ***	−0.141 *	
（内隐创业型领导×员工传统性）				0.305 ***	
R^2	0.104	0.112	0.072	0.170	0.148
ΔR^2	0.086	0.090	0.069	0.148	0.406
F 值	5.669 ***	5.239 ***	23.171 ***	7.474 ***	35.029 ***
样本量	300				

注：* 表示 $p<0.05$；** 表示 $p<0.01$；*** 表示 $p<0.001$。

（1）内隐创业型领导对网络怠工行为的影响检验

M1 运用线性回归分析检验内隐创业型领导与网络怠工行为之间的因

果关系，结果见表7-5：将人口统计学变量、内隐创业型领导作为自变量，网络怠工行为作为因变量，模型 R^2 值为 0.104，调整后 R^2 为 0.086，表明内隐创业型领导可以解释网络怠工行为的 8.6% 变化原因。且 F = 5.669，p = 0.000 < 0.001，该模型通过显著性检验，回归系数值为 -0.291（t = -5.228，p = 0.000 < 0.001），表明内隐创业型领导对网络怠工行为具有显著负向效应。

综上，本书假设"H1：内隐创业型领导负向影响网络怠工行为"成立。

（2）内隐创业型领导、使命价值取向对网络怠工行为的影响检验

M2 运用线性回归分析检验内隐创业型领导、使命价值取向与网络怠工行为之间的因果关系，结果见表7-5：将人口统计学变量、内隐创业型领导、使命价值取向作为自变量，网络怠工行为作为因变量，模型 R^2 值为 0.112，调整后 R^2 为 0.090，表明内隐创业型领导、使命价值取向可以解释网络怠工行为的 9.0% 变化原因。F = 5.239，p = 0.000 < 0.001，该模型通过显著性检验。内隐创业型领导的回归系数值为 -0.220（t = -3.070，p = 0.002 < 0.01），表明内隐创业型领导对网络怠工行为具有显著负向影响。使命价值取向的回归系数值为 -0.114（t = -1.576，p = 0.116 > 0.05）；表明使命价值取向对网络怠工行为影响不显著，使命价值取向并不会对网络怠工行为单独产生影响。

（3）内隐创业型领导对使命价值取向的影响检验

M5 运用线性回归分析检验内隐创业型领导与使命价值取向之间的因果关系，结果见表7-5：将人口统计学变量、内隐创业型领导作为自变量，使命价值取向作为因变量；模型 R^2 值为 0.418，调整后 R^2 为 0.406；表明内隐创业型领导可以解释使命价值取向的 40.6% 变化原因。F = 35.029，p = 0.000 < 0.001，该模型通过显著性检验，回归系数值为 0.625（t = 13.934，p = 0.000 < 0.001），表明内隐创业型领导对使命价值取向具有显著正向影响。

（4）使命价值取向对网络怠工行为的影响

M3 运用线性回归分析检验使命价值取向与网络怠工行为之间的因果关系，结果见表7-5：将使命价值取向作为自变量，网络怠工行为作为因变量，模型 R^2 值为 0.072，调整后 R^2 为 0.069，表明内隐创业型领导可以解释使命价值取向的 6.9% 变化原因。$F = 23.171$，$p = 0.000 < 0.001$，该模型通过显著性检验，回归系数值为 -0.269，表明使命价值取向会对网络怠工行为产生显著负向影响。

（5）使命价值取向的中介效应检验

采用 PROCESS v3.0 中的 Model 4 进行中介效应检验，在以内隐创业型领导为自变量，使命价值取向作为中介变量，网络怠工行为为因变量的模型中，结果如表 7-6 所示。

表 7-6　模型汇总

	效应值	SE	t 值	p 值	CI 上限	CI 下限
总效应	-0.4574	0.0840	-5.4450	0.0000	-0.6227	-0.2921
直接效应	-0.3384	0.1082	-3.1271	0.0019	-0.5514	-0.1254
间接效应	-0.1190	0.0696	—	—	-0.2596	-0.0161
网络怠工行为						
	β	Boot	Boot 标准误	Boot CI 下限	Boot CI 上限	
内隐创业型领导	-0.3384	-0.3360	0.1052	-0.5378	-0.1250	
使命价值取向	-0.1173	-0.1181	0.0669	-0.2478	-0.0159	

模型 $p = 0.0000 < 0.001$，通过显著性检验，bootstrap 95% 置信区间的上、下限不包含 0，表明使命价值取向在内隐创业型领导与网络怠工行为之间中介效应存在，且总效应为 -0.4574，较内隐创业型领导对网络怠工行为的直接效应 -0.3384（$p = 0.0019 < 0.01$）更显著。

综上，本书假设"H2：使命价值取向是内隐创业型领导与网络怠工行为的中介"成立。

（6）员工传统性的调节效应

M4 运用线性回归分析检验使命价值取向对内隐创业型领导与网络怠工行为之间的调节作用，结果见表 7-5：将人口统计学变量、内隐创业型领导、使命价值取向、交互项（内隐创业型领导×员工传统性）作为自变量，网络怠工行为作为因变量；模型 R^2 值为 0.170；调整后 R^2 为 0.148；表明内隐创业型领导、使命价值取向、交互项（内隐创业型领导×员工传统性）可以解释网络怠工行为的 14.8%变化原因。且 F = 7.474，p = 0.000 <0.001，模型较理想。内隐创业型领导的回归系数值为 -0.385（t = -4.924，p = 0.000<0.001），表明内隐创业型领导对网络怠工行为产生显著负向影响。使命价值取向的回归系数值为 -0.141（t = -2.003，p = 0.046 <0.05），表明使命价值取向对网络怠工行为产生显著负向影响。交互项（内隐创业型领导×员工传统性）的回归系数值为 0.305（t = 4.545，p = 0.000<0.001），表明交互项（内隐创业型领导×员工传统性）会对网络怠工行为产生显著正向影响。由此，员工传统性会抑制内隐创业型领导对网络怠工行为的削弱作用。

综上，本书假设"H3：员工传统性在内隐创业型领导与网络怠工行为之间起调节作用"成立。员工传统性调节内隐创业型领导与网络怠工行为的总效应；员工传统性削弱内隐创业型领导对网络怠工行为的负向影响，员工传统性在一定程度上抵消内隐创业型领导对网络怠工行为的负向结果。

7.4 结论

本书立足于互联网时代下组织面临的人力资源管理实践现实问题，采用文献研究和理论演绎法，基于资源保存理论构建了内隐创业型领导与网络怠工行为之间的假设模型，提出 3 个研究假设；并借助 SPSS 22.0 统计分析软件通过实证分析法对 300 份有效数据样本进行验证，假设检验情况如表 7-7 所示。

表 7-7　研究假设的验证情况

假设	验证情况
H1：内隐创业型领导负向影响网络怠工行为	通过验证
H2：使命价值取向是内隐创业型领导与网络怠工行为的中介	通过验证
H3：员工传统性在内隐创业型领导与网络怠工行为之间起调节作用	通过验证

首先，内隐创业型领导方式显著负向影响网络怠工行为，即组织领导者可以通过发挥创业型特质和行为，激发员工先动性和满意度，减少网络怠工行为。

其次，使命价值取向是内隐创业型领导和网络怠工行为之间的中介。内隐创业型领导对网络怠工行为的削弱效应通过使命价值取向这一中介得到更显著效果。当员工获得更多的组织资源支持和赞赏并因此感受到自身价值时，员工工作激情及承诺受到呼唤，进而提升其工作使命感；或由其他工作价值取向转化为使命价值取向，继而调动自身的积极因素来克服消极情绪，自我控制网络怠工行为。

最后，员工传统性调节内隐创业型领导与网络怠工行为之间的抑制关系是体现中国人性格特点最显著的价值观取向：员工传统性在一定程度上会削弱内隐创业型领导对网络怠工行为的负向影响。传统性水平较低的下属对领导者方式更加敏感，更会根据领导成员关系来决定自己的行为。领导者具备遵从创新挖掘、多样化支持的内隐创业型领导行事决策风格，更容易唤起传统性程度较低的下属的工作积极情绪和工作由衷热爱，在面对工作压力及其他不利己工作事件时，更易调整自己的情绪和行为、减弱网络怠工行为倾向；而内隐创业型领导对传统性员工网络怠工行为影响较小，下属更倾向选择角色划分标准实施行为，其工作态度和努力程度并不会受领导者本身因素而调整；当工作压力或消极情绪存在时，传统性企业员工依然会出现怠工、开小差现象。

由于本书调研数据样本来自全国一线中小型企业员工，并非仅针对创业型组织，因此该研究模型和结论具有较高的适用性。本书理论和实践意义如下：第一，多数学者聚焦于内隐创业型领导对组织学习、战略变革、动态能力等组织层面的影响，本书基于带有中国本土风格的内隐创业型领导对个体层面的研究工作开展，揭示内隐创业型领导在个体行为层面的结果，以及使命工作的价值取向在其中的中介作用、员工传统性的调节作用。第二，新事物源于旧事物，在旧事物中产生。基于我国对网络怠工行为的研究起步较晚且较少，本书采用实证分析方法，探讨网络怠工行为，并将领导者的能力和行为与网络怠工行为相结合进行研究，希望可以丰富并启发以后关于网络怠工行为领域的实证研究。第三，基于中国强调二元文化特征，本书加入具有中国传统文化色彩的传统性变量，一方面关注领导者、下属胜任能力和特质，另一方面关注个体受伦理层面特质调节程度。本书旨在帮助组织在互联网时代不确定生存及竞争环境下，降低网络怠工行为的频率及风险，更好地理解内隐创业型领导者特质和行为，以促进组织内部结构和人员稳定及组织可持续健康经营。

第 三 部 分

积极追随力对本土创业企业与领导者的塑造效应

聚焦问题：积极追随力能否将创业者塑造成下属心中理想的"英雄"，这背后的机制是怎样的？

　　追随者特质和行为对领导者的影响是当前追随理论的研究热点，然而已有文献并未揭示经过积极追随力塑造后的优秀领导者是怎样的，且塑造效应的心理过程亦不明确。因此，理清积极追随力对创业领导者的反向作用机制是本书需要解决的第三个关键问题。对此，本书综合内隐领导一致性以及特质激发理论，提出"有效的创业追随者会按照他们内心理想的领导认知图式对领导者进行塑造，使上级表现出内隐创业型领导的典型特征"的研究假设；同时依据积极心理学理论来理解积极追随力对创业领导者的反作用，认为"积极追随力通过提升领导者的积极心理资本，实现对领导行为的塑造"。

8

积极追随力对内隐创业型
领导的影响研究

8.1.1　积极追随力对内隐创业型领导的影响

领导力研究经历了漫长的发展，取得了丰硕的学术成果，形成了比较成熟的理论体系。然而与之相伴而生的追随力却因大众"被动""服从"等的刻板印象而遭受忽视。1988 年 Kelley 在哈佛商业评论发表 *In praise of followers* 一文，这是学界第一次对追随者及其在组织中扮演的重要角色的积极评价，引起了学界的广泛关注和深刻思考。随后，不少学者开始从积极视角看待追随对组织发展的重要性，积极追随的研究也随之萌芽、发展和完善。Uhl-Bien 等（2014）认为，追随力是追随特质与追随行为的集合。学界也基于此论调对追随力的定义展开了行为和特质两个角度的研究。其中，追随特质是指追随者在与领导互动、完成追随过程中所体现出的个性特征。罗瑾琏等（2018）在内隐追随理论的基础上提出，当员工对自身所具有的积极追随特质进行积极假设的时候（即员工内隐追随），形成了员工视角的积极追随原型。积极追随原型包括勤勉（具体包括勤奋、高效和追求卓越）、热忱（具体包括激情、外向和友好）以及好公民（忠诚、值得信赖和合作精神）三大特质。综上所述，本书将积极追随原型与特质论结合，将积极追随力定义为员工视角的积极追随原型在追随过程中所表现出的个性特征。

领导者、追随者和情境三个缺一不可的元素形成有序高效的互动行为，方可称之为领导。然而，以往研究大多从领导者视角看待领导者和追随者的互动机制，认为领导者的行为特质会显著影响到追随者的表现，却鲜有从追随者角度审视二者的。Kelley（1988）首次从积极的角度重新审视追随者及其在组织中的重要功效，认为追随者是指与领导者有共同目标，拥护领导者，自愿、主动、全身心地将自己投入到组织目标中去，并希望领导者和组织能取得成功的人（Dixon，2003）。持积极属性观点的学者认为，追随者是实现组织目标的参与者、合作者和共同领导者，敢于表达批判性意见，具有勤奋、乐观和团结友好等优良品质和较高的工作绩效水平（Chaleff，1995）。目前，学术界对于积极追随力的内容构建公认的是 Sy（2010）的三维度划分方式，即勤勉、热忱、好公民，根据王弘钰等（2017）的观点，上述维度可以概述为绩效、人际、情感三个方面。

与积极追随力的"绩效"方面对应的是，内隐创业型领导的任务专家维度中明确了领导者具有倾向于设定高绩效标准和期望以及持续改进绩效等特征。赵海琼（2016）通过研究验证，积极追随力越高，领导者的领导作用就越大，下属员工的创新绩效也越高。与积极追随力的"人际"方面对应的是，内隐创业型领导的情境塑造维度中明确了领导者具有擅长人际关系和展现并传递强烈的积极情绪等特征。席燕平（2016）通过研究验证，员工的积极追随行为对积极型领导提高领导效能起到显著的正向影响。与积极追随力的"情感"方面对应的是，内隐创业型领导的"修身"维度明确了领导者具有能够获得员工对组织变化的认同和对员工完成任务目标的能力表现出乐观和自信等特征。向娟（2016）通过研究验证，积极追随会助力创业型领导的行为特质得到更好的表达，员工的情感感知也更强烈。

通过上述分析，可以发现：第一，积极追随力是以领导者与追随者的共同积极目标为导向和前提的（刘毅，2016）；第二，积极追随力在拥护领导并努力实现共同积极目标的过程中，会激发领导的积极心理与行为。

员工追随领导的前提条件是共同目标，即与领导者有着共同组织目标的员工很有可能会转变成领导的追随者（原涛和凌文辁，2010）。基于对共同目标认同，追随者在实现目标的工作过程中必然会表现出对领导任务和决策的支持与拥护，促进领导和对自我价值肯定，领导也更愿意与员工进行沟通。在沟通中，领导与追随者不断建立联系、增强信任和相互认同，从而更好激发领导者的进取心，实现当初构建的共同愿景。由此可见，员工的积极追随力在很大程度上影响着领导者的心理和行为。

有效追随者成就优秀的领导者，而有效追随者与一般下属的差异在于他们具备更高的积极追随力。根据特质激发理论，个体特质及行为会受到特质相关情境因素的影响。对于创业团队来讲，领导者与成员之间的共生关系，决定了成员整体的特质和行为是领导特质激发的重要诱因。当下属整体表现出更多的积极特质、行为以及互动关系时，这些信息会激活领导者特质体系中的积极部分，使领导者表现出高伦理、诚信等"创业修身"行为。另外，创业情境下权力的天平向追随者倾斜，追随者拥有更多的专家权力，而团队的积极追随力可以最大限度减少成员对专家知识的藏匿，提升创业团队领导应对动态环境的创业胜任力。已有实证研究也发现拥有积极追随力的领导者呈现出突出的魅力型领导和变革型领导的特点（Dvir和 Shamir，2003），而这些特点都是内隐创业型领导内涵中的重要组成部分。综上所述，本书提出以下假设：

H1：积极追随力与内隐创业型领导之间具有显著的正相关关系。

8.1.2 心理资本的中介作用

社会认知理论指出，个体行为反映了个体的心理状态和感知，不仅受环境影响，还受到心理感知的作用（叶新凤，2014）。"心理资本"一词最先出现在经济学等研究中，随着生产力的发展和经济水平的提高，研究者开始关注企业中的员工的心理及行为，由此重新定义了心理资本的内涵。员工的心理资本对行为有显著的影响作用，还会影响工作绩效的水平。心理资本是 Luthans 和 Youssef（2004）在积极组织行为学的基础上，合并自我效能感、希望、乐观和坚韧四个要素，使之符合积极组织行为标准，成为表征个体积极心理状态的一个更高层次的核心概念；心理资本这一创造性概念由此而来。后来，Luthans 等（2007）又将心理资本的概念进一步修订：定义心理资本是可干预的积极心理状态或类状态，并强调各要素的可测量、可发展和可管理，并将其确认为人的积极心理能力；它不仅是特定的人格特质，例如人本身存在的包括治理因素、天赋、性格特质、道德观念、传统美德等；也不仅指单纯的心理状态，如具有瞬时性的，容易改变的单纯的积极快乐的情绪；而是介于状态和特征之间的"类状态"，既有人格特质的稳定性，又具有心理状态的可改变性，因而既可测量又可开发或管理（Luthans 等，2007）。

目前，关于心理资本的研究主要从特质论、状态论和综合论三个方面出发。心理资本特质论指出：心理资本是指个体所具有的特性，是与其他人性格因素、情绪特质等不尽相同的特质。比如 Hosen 等认为，心理资本是内部的、长久的，相对稳定的心理资源，需要在实践中学习才能够获得。心理资本状态论指出，心理资本是从心理层面体现出的一种稳定持续的生活状态。比如 Goldsmith 和 Tettegah 认为，心理资本体现了个体的综合素质，即个体对周围一切事物的态度及行为。心理资本综合论指出，心理资本不能孤立研究，而是需要结合它的特质和变现出来的状态来研究；即心理资本并不只是单纯的一种特质或以某种状态而存在，而是需要将以上两者结合起来进行研究。

目前，Luthans 等对心理资本内涵的界定被国内学者广泛采用。所以本书也采用 Luthans 等（2007）对心理资本的定义，即心理资本是一个复杂多元的系统，由多种积极心理要素组成，这些要素能促使个体保持积极向上的态度，能承受各方面的压力并出色完成任务；并将心理资本分为四个维度：自我效能感（对某件事情相信自己能做好的程度）、乐观（遇到挫折发现积极因素的能力）、希望（对未来的憧憬）和韧性（各种情境下的恢复力）。

积极心理资本作为一种积极的心理状态，是可开发的心理资源，其组成要素（自我效能感、希望、乐观和韧性）对个体行为具有重要影响。就创业团队领导者而言，高水平的团队积极追随力是对领导者管理水平和领导效能的一种肯定，这种积极反馈有助于提升领导者的自我效能感。此外，团队的积极追随力让领导者体验到下属围绕团队目标更多的主动行为以及拥护和支持，使领导者对创业事业未来发展更加乐观并抱有希望，在创业陷入危机时不会被轻易打败保持强大的韧性，实现积极心理资本的累积。国内外实证研究结论也暗示了积极心理资本对内隐创业型领导的塑造作用：从整体上看，根据特质激发理论，积极心理资本是激活领导者高伦理、诚信等积极特质最直接的线索；从积极心理资本各个要素来看，高自我效能感能激发领导者的自信，促进其主动变革，更好地应对创业动态环境；韧性和希望使领导者面对挫折时坚持不懈，并更快完成自我调整；乐观作为一种积极情绪有助于提升领导决策的有效性。

心理资本还与内隐创业型领导的内涵有着一定的相似之处，比如工作中的积极情绪表现、善于资源整合以及迅速反应并作出决策等。熊正德等（2017）研究发现，心理资本作为一种状态性的个人特质，与先天特质有关，但仍可经后天训练形成。而这种个人特质中的积极要素将在员工的具体工作中转化为提升企业绩效的心理潜能，正向影响心理资本的各个维度。高心理资本的领导者往往会积极开展组织变革，从而使下属得到一定程度的心理满足感和潜意识共鸣。

综上所述，针对本土创业团队，本书提出以下假设：

H2：积极追随力与心理资本具有显著的正相关关系。

H3：心理资本与内隐创业型领导具有显著的正相关关系。

H4：心理资本中介积极追随力与内隐创业型领导的关系。

8.2　研究设计

8.2.1　问卷设计

（1）内隐创业型领导的测量

借鉴本书开发的量表，该量表有五个维度，分别是任务专家、情境塑造、德性、智性和中道，共18道题，无反向计分题。

（2）积极追随力的测量

采用的是 Sy（2010）开发的用来定义追随力的量表，共18个题项，包括积极和消极两个方面：其中，积极部分主要包括勤勉、热忱和好公民三个维度，共9个题项。比如，"努力工作""外向友好""忠诚"等。该问卷的积极部分已得到孔茗和钱小军（2015）的验证，符合本书的研究需要。

（3）心理资本的测量

采用的是Luthans（2007）开发的PCQ量表，包括四个维度：自我效能（自信）、希望、乐观、坚韧（韧性）。Luthans等为了保证量表的内容效度和表面效度，在考察工作场景实际表现的基础上，为每个维度赋予了6个不同的具体化主题，以测量心理资本各方面的状态类特征，最后制作成了共计24个题目的心理资本调查问卷，即PCQ-24。比如，"我相信自己对公司的战略讨论有贡献""任何问题都有很多解决方法""在我目前的工作中，我感觉自己能同时处理很多事情"等。量表问卷统一采用Likert的五点积分法，1为"完全不符合"，5为"完全符合"。

8.2.2　数据收集

本问卷通过线上平台发放并收集，对象为企业管理层。历时两周，共计收回326份有效答卷，主要来自广东、北京、上海等27个省份及地区。如图8-1所示，样本人口地区分布广泛，主要为一线省市。

如表8-1所示：样本人口男女性别比例非常接近，比较合理；年龄分布主要集中在26~45岁，符合当今企业管理层逐渐年轻化的趋势；受教育程度绝大部分均为本科及以上，达到正确理解问卷题目的文化水平；单位性质方面，民营企业和国有企业总和超过90%，与国内经济结构非常契合；职务的分布比例，也接近科学合理的"橄榄球"模型；在工作年限方面，7年及以上者超过了半数，说明样本人口的工作经验比较丰富，对企业内部管理及外部行业情况有着成熟的认知；岗位年限绝大多数均在1年以上，说明样本人口与下属有很长的共事时间，因此有足够具体的了解。综上所述，收集所得数据符合本书研究所需的样本特征。

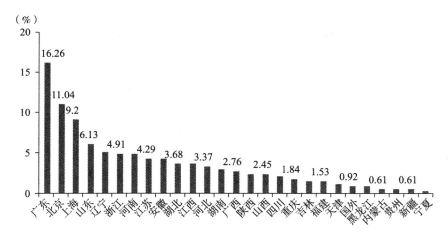

图 8-1 样本人口地区分布

表 8-1 样本人口统计学分布

基本信息	类别	人数	百分比（%）
性别	男	159	48.77
	女	167	51.23
年龄	25 岁及以下	4	1.23
	26~35 岁	213	65.34
	36~45 岁	93	28.53
	46~55 岁	16	4.91
	56 岁及以上	0	0.00
受教育程度	高中及以下	3	0.92
	大专	34	10.43
	本科	239	73.31
	硕士及以上	50	15.34
单位性质	国家政府机关	7	2.15
	国有企业	99	30.37
	民营企业	196	60.12
	事业单位	21	6.44
	其他	3	0.92

续表

基本信息	类别	人数	百分比（%）
职务	基层管理者	78	23.93
	中层管理者	214	65.64
	高层管理者	34	10.43
工作年限	1 年以下	3	0.92
	1~3 年	26	7.98
	4~6 年	123	37.73
	7 年及以上	174	53.37
岗位年限	1 年以下	8	2.45
	1~3 年	86	26.38
	4~6 年	176	53.99
	7 年及以上	56	17.18

8.2.3 信效度检验

信度检验采用内部一致性信度（Cronbach's Alpha）系数进行，表 8-2 为内隐创业型领导、积极追随力、心理资本的信度分析。量表中内隐创业型领导 18 个题项、积极追随力 8 个题项、心理资本 24 个题项信度系数均大于 0.7，表明分量表可靠性相对较高，问卷具有可靠性。

表 8-2　信度分析

变量	Cronbach's Alpha	项数
内隐创业型领导	0.869	18
积极追随力	0.777	8
心理资本	0.856	24
总量表	0.733	44

效度检验从内容效度、结构效度两个方面进行：①所有量表采用现有成熟量表，题项表述经过二次修订，内容效度可靠。②结构效度通过探索性和验证性因子分析加以检验。首先，借助 SPSS 对各潜变量进行探索性因子分析，得到内隐创业型领导、积极追随力、心理资本的 KMO 值分别

为 0.846、0.862、0.878，均大于 0.8；Bartlett 球形检验的显著水平为 0.000（<0.01）；且各变量旋转后的维度结构与量表设定保持一致。四个量表 Sig 均为 0，小于 0.05；表明四个量表有意义，适合做因子分析，自变量可以有效预测因变量的差异。然后，进行验证性因子分析：各潜变量结构模型的拟合优度参数值水平整体较优，超过了基本要求（$X^2/df<5$；TLI>0.9；CFI>0.9；RMSEA<0.08）。由此可以判断各变量具有良好的结构效度。

8.3 数据分析

8.3.1 变量描述统计与相关性分析

基于本书的研究假设与概念模型，需要对变量元素进行相关性分析。同时对各变量的相关数据进行统计性描述，结果如表 8-3 所示。在加入控制变量后进行样本分析，积极追随力的均值和标准差分别为 4.00 和 0.497，心理资本的均值和标准差分别为 4.01 和 0.409，内隐创业型领导的均值和标准差分别为 4.02 和 0.444。

表 8-3 变量间的相关性分析和描述统计

变量	1	2	3	4	5	6	7	8	9	10
性别	1									
年龄	0.092	1								
受教育程度	0.058	-0.083	1							
单位性质	-0.001	-0.032	-0.082	1						
职务	0.113*	0.129*	0.133**	-0.005	1					
工作年限	0.07	0.320**	0.105	-0.018	0.366**	1				

续表

变量	1	2	3	4	5	6	7	8	9	10
岗位年限	0.038	0.330**	-0.005	-0.093	0.344**	0.587**	1			
积极追随力	-0.128*	-0.051	0.04	0.07	0.04	0.096	0.03	1		
心理资本	0.042	0.047	0.018	0.051	0.031	0.121*	0.045	0.502**	1	
内隐创业型领导	0.01	0.034	0.042	0.086	0.047	0.108	0.041	0.491**	0.860**	1
$\overline{X}$（均值）	0.49	2.37	3.03	2.74	1.87	3.44	2.86	4	4.01	4.02
σ（标准差）	0.501	0.598	0.543	0.65	0.571	0.68	0.718	0.497	0.409	0.444

注：* 表示 $p<0.05$；** 表示 $p<0.01$；*** 表示 $p<0.001$。

分析结果显示：积极追随力与内隐创业型领导（$r=0.491$，$p<0.001$）显著正相关，支持假设 H1；积极追随力与心理资本（$r=0.502$，$p<0.001$）显著正相关，支持假设 H2；心理资本与内隐创业型领导（$r=0.860$，$p<0.001$）显著正相关，支持假设 H3。变量间相关关系符合研究的理论预期，该分析结果也为检验假设 H4——心理资本中介积极追随力与内隐创业型领导的关系提供了基础。

8.3.2 假设检验

（1）积极追随力与内隐创业型领导的关系检验

本书采用 SPSS 25.0 软件，通过构建回归模型并进行数据分析，来验证积极追随力对内隐创业型领导的直接作用。回归结果如表 8-4 中模型 2 所示，$\beta=0.492$（$p<0.001$），说明积极追随力对内隐创业型领导有显著的正相关影响，额外地增加了 23.5% 的解释量，假设 H1 得到验证。

（2）心理资本的中介作用检验

按照中介效应的检验程序，本书依次构建回归模型，对假设 H1、假设

H2、假设 H3、假设 H4 进行分析检验。本书共计三个模型：模型 1 在已有性别、年龄、受教育程度、单位性质、职务、工作年限、岗位年限等控制变量的基础上，考察积极追随力与心理资本的关系；模型 2 同样在控制性别、年龄、受教育程度、单位性质、职务、工作年限、岗位年限等变量后，考察积极追随力作为自变量，对内隐创业型领导的影响；模型 3 在模型 2 的基础上，将心理资本纳入自变量，来观察心理资本的中介效应。具体分析结果如表 8-4 所示。

表 8-4　心理资本的中介作用检验结果

变量类型		心理资本	内隐创业型领导（不考虑心理资本）	内隐创业型领导（加入心理资本）
		模型 1	模型 2	模型 3
控制变量	性别	0.102^*	0.065	-0.019
	年龄	0.052	0.046	0.004
	受教育程度	-0.007	0.022	0.028
	单位性质	0.015	0.054	0.042
	职务	-0.025	-0.002	0.019
	工作年限	0.072	0.049	-0.011
	岗位年限	-0.024	-0.014	0.006
自变量	积极追随力	0.512^{**}	0.492^{**}	0.071^*
中介变量	心理资本			0.823^{***}
R^2		0.272	0.254	0.748
ΔR^2		0.253^{**}	0.235^{**}	0.741^{***}
F		14.779	13.488	104.124

注：* 表示 $p<0.05$；** 表示 $p<0.01$；*** 表示 $p<0.001$。

在积极追随力对心理资本的回归中，$\beta=0.512$（$p<0.001$），说明积极追随力对心理资本有显著正向影响，可以解释心理资本 25.3% 的变异，该结果支持假设 H2；在心理资本对内隐创业型领导的回归中，$\beta=0.823$（$p<0.001$），回归作用显著，结果支持假设 H3。比较模型 2 和模型 3 的数据，在加入变量心理资本后，积极追随力的系数 β 由 0.492（$p<0.001$）下降为 0.071（$p<0.001$），表明假设 H4 得到验证，心理资本确实在积极

追随力和内隐创业型领导的关系中起到中介效应。同时，在模型3中，积极追随力与内隐创业型领导的 β 系数依旧明显，表明心理资本的中介作用为部分中介。

8.4 结论

8.4.1 研究结果

本书根据社会认知理论的"刺激—认知—反应"模式，综合考虑领导者的心理资本（心理类因素）的影响，完成了积极追随力对内隐创业型领导影响机制的初步研究。研究结论可具体总结为：

第一，积极追随力对内隐创业型领导有显著的正向影响（假设 H1）：从追随者的角度看，下属的积极追随会在很大程度上对内隐创业型领导起到一定的塑造作用；说明在下属积极追随的情境下，领导者更有可能成长为内隐创业型领导，为企业发展做出更大的贡献。

第二，积极追随力会显著正向影响心理资本（假设 H2），心理资本同时显著正向影响内隐创业型领导（假设 H3），心理资本在积极追随力与内隐创业型领导的关系中起部分中介作用（假设 H4）：心理资本作为一种积极心理状态，并非一成不变，而是可以通过后天因素的影响来得到提升。积极追随力通过领导者心理资本的变化起到影响内隐创业型领导的作用，说明下属的积极追随会促使领导者形成自信乐观的工作态度以及灵活多变和坚韧的工作状态，并在这样高心理资本的情况下趋向成长为一位内隐创业型领导。

8.4.2 理论意义

第一，支持并拓展了内隐追随理论。内隐追随理论（IFTs）的一个重要推断是追随者表现出的特质与追随原型的匹配程度会直接影响并表现在领导者的领导行为上。本书直接检验并支持了内隐追随理论的关键假设：当下属被认为积极追随特质明显时，领导者更容易具有内隐创业型领导的特征。

第二，基于社会交换理论，探讨了内隐创业型领导的塑造和形成机制。本书发现下属具有勤勉、热忱等好公民特质表现（代价）时，会使领导者的心理资本得到很大提升，更容易表现出内隐创业型领导的特质，从而使员工获得更高的组织承诺和工作满意度（报酬）。

第三，创新地从员工视角看待领导关系，丰富了积极追随力和内隐创业型领导的相关理论。在大众专注于从领导者视角看待和影响领导关系时，作为追随者的员工同样应该得到足够的重视，本书验证了积极追随力可能带来的对领导关系乃至企业的巨大收益。

8.4.3 实践意义

企业在具体化招聘对象时，应倾向于具有勤勉、热忱等积极追随力特质的员工。根据本书研究结果，具有明显积极追随力特质的下属员工在组织工作中有利于塑造上级的内隐创业型领导形象。而从招聘这个公司内部人才入口把控职员质量，毫无疑问会大大提高企业人力资源部的招聘水平，更高质量地满足各部门用人需求，并对企业突破近期瓶颈、实现长远持续发展起到巨大效用。

领导者在管理领导关系时，应当注意建立和培养下属的积极追随力特质。根据本书研究结果，与传统视角不同，在领导过程中，追随者的表现同样会影响到领导者的领导行为。因此培养员工的积极追随力特质，会显著提高领导者的心理资本，使其具有更佳的工作状态：创造更高的领导效能和工作绩效，回馈给下属更高的组织承诺和员工满意度，使领导关系得到更深层次的加固和更高水平的提升。

企业在制订领导者培训计划时，应考虑将自信、乐观、希望、韧性等心理资本因素的提升纳入具体的培训课程中。根据本书研究结果，心理资本作为中介变量，会助力内隐创业型领导的塑造。所以，企业在执行管理层向内隐创业型领导转型或塑造等决策时，应该充分结合心理资本因素，制定针对领导者的成长培养体系及相关培养课程，包括后续的培训效果检验。

9

积极追随力对领导正直行为和
领导偏差行为的影响

　　对追随者的描述可以概括为与领导者有着相同的目标，支持和拥戴领导者，自主地、全心全意地致力于配合上级，以便达成组织目标的人。Kelly 首次提出了积极的追随者对其上级和组织的重要程度；随后，有学者尝试变换研究视角，探究积极追随者的心理和行为是否能给领导者和组织带来改变。由此，积极追随力的概念开始走进研究者和企业管理者的视线。如今，正直作为一项对领导者的评价正受到越来越多的关注。正直关乎道德，而不道德行为会对企业造成实际经济损失，故领导正直不仅关乎道德诉求，而且对提高组织绩效和利润率也至关重要。不道德的行为可能会发展为偏差行为：事实上，一半以上的员工都发生过轻微的偏差行为，如偷拿公司物品回家使用，这些看似微小的偏差行为每年会给企业带来大量的经济损失；而如果偏差行为发生在领导者身上，负面影响将进一步扩大。现有研究表明，领导行为受多方面因素影响，其中占据重要地位的是追随者的影响。追随者有积极与消极之分，积极的追随者往往能有效地执行领导的命令、深切地感受领导的想法，直接或间接地影响其领导者。因此，积极追随力能否影响以及如何影响领导正直行为和领导偏差行为，是本书的主题所在。鉴于此，本书借鉴已有成熟量表，通过对企业在职员工的调查研究，探讨积极追随力对领导正直行为和领导偏差行为的影响，结合人力资源管理实务提出建议和启示。

9.1 研究背景与意义

9.1.1 研究背景

长期以来，领导力作为管理科学中的重要概念而备受关注，各种研究围绕此进行，大量成熟的理论相伴而生；然而与之相对应的追随力却因"被动""服从""地位低微"一类的误解而长期遭受忽视。但是，正如领导的定义里不能缺少被领导者，领导力也同样离不开追随力。Kelly 在《哈佛商业评论》发表一文，首次从积极的角度为追随者正名，着重阐述其在上下级交互中的重要功效以及在组织中的重要地位。随后，许多学者开始尝试转换研究视角，尝试探究积极追随者的心理和行为是否能反向影响其领导者。由此，积极追随力的概念开始走进研究者和企业管理者的视线，并得到进一步发展和完善。现有研究认为，追随力具有两种属性——积极和消极。显而易见，积极的追随者会给组织带来正面积极影响。近年来，针对积极追随力的研究取得了一定成果并做出了多方面的学理解释，构建了理论框架，探讨了影响机制，但目前为止没有一个关于此的准确定义。

如今，在反复强调要严守纪律、杜绝贪腐的情况下，领导不正直的现象依然存在。这类事件的发生不仅让员工对领导者产生不信任感，而且引发了民众对领导者道德责任及真实、诚信问题的重新思考（Gardner 等，2020）。如今，正直作为一项对领导者的评价，正受到越来越多的关注：正直关乎道德，不道德行为牵涉组织、公民和投资者，造成的后果相当恶劣，亟须重塑管理者的道德准则。考虑到不道德行为造成的实际经济损失，许多观察家指出，道德行为和正直不仅关乎道德诉求，而且对提高组织绩效和利润率也至关重要。西方在领导正直方面的研究极为广泛，我国学者也已针对领导正直开发了适用于中国情境下的量表。

此外，随着越来越多的商业丑闻被爆出，人们习惯认为那些严重的违法行为才是值得注意的，如财务欺诈，食品掺假，环境污染和商业贿赂等；而日常工作中相对轻微的偏差行为总是被忽略。事实上，超过一半的在职员工曾经有过偏差行为，如偷拿公司物品回家私用、散播同事的谣言等，这种轻微的偏差行为每年也会给公司带来巨大的经济损失。而当偏差行为出现在领导者身上时，后果将会愈发严重。由于组织规范本身是由领导者制定、执行、监督的，加之领导地位的影响，领导者产生偏差行为更加便利，这给组织管理带来了巨大的挑战。

9.1.2　研究意义

20世纪末，领导力的概念开始广为流传。在以企业为代表的各种组织和团体中，优秀的领导力都具有标志性的意义。庞大的领导力教育行业兴起，无数学习中心、课程、研讨会以及专家学者提供各种形式的领导力培训和开发。与此同时，追随力的概念却不断被人们忽略。领导力经常被认为比追随力更重要，大多数研究的侧重点在于"领导力"而非"追随力"。领导力是指领导者与至少一位追随者之间的关系；同样，追随力可以描述为下属和上级之间的关系以及下属对上级的回应，在这种关系中，领导者和追随者同样重要，领导者与追随者之间的角色关系并不相互排斥。每个领导者都是从追随者转变而来的；与此同时，每个人都是最初的追随者，追随者的力量不容小觑。积极的追随者通过有效地执行领导的命令、深切地感受领导的想法达到组织目标最大化，并且对领导者产生强大影响。追随力对领导力具有反作用，追随力影响领导有效性，对领导行为具有塑造作用。

领导者正直与否，与企业的命脉与发展息息相关。现如今，越来越多的负面丑闻和暗箱操作被爆出，领导正直问题日益成为各界关注的焦点。领导者的自身特质、领导风格以及和下属关系，都是影响领导正直的重要因素；西蒙斯的研究指出，领导正直是下属对领导的言行一致的主观性的看法，下属对上级的依赖程度越高，上级越可能被评为正直。高士景研究发现，下属和上级互动中的亲密程度与领导力正相关，如果下属与领导之间的互动频率较高，则两者之间的关系更密切，下属更有可能认为领导是正直的。显然，积极追随可以增加上下级互动的亲密度，改善领导与下属的关系，从而影响领导正直。

积极追随力如何影响领导正直行为与领导偏差行为，以及如何利用积极追随力，激发更多的领导正直行为，减少领导偏差行为，对改进上下级关系、提高工作效率、实现组织目标最大化有着重要意义。

9.2 概念界定

9.2.1 积极追随力的定义

积极追随力的概念界定多种多样，目前也没有一个明确、统一的定义。如果按照领导理论发展路径来划分，那么积极追随力可以分成特质观、能力观、行为观和权变观四种主要观点：特质观认为，积极追随力是追随者本身的一种品质或在与上级的互动中表现出来的特质，包括工作能力、工作态度、人际技能、个人品德；能力观认为，积极追随力是下属工作能力的一种，表现为有效率地执行工作任务、与上级配合密切等；行为观认为，积极追随力是下属为完成领导布置的任务，全心全意投身于工作，勇于承担责任、接受挑战；权变观认为，积极追随力是领导者、追随者和情境相互作用的结果。正如以上概念所描述的，积极追随力并没有一个普遍的定义，大多数学者只是选择单一视角解释积极追随力以便进行相关研究。但是在上述不同的定义中，可以找到两个共识：第一，积极追随力的产生要求领导和下属具有相同的目标；第二，积极追随力并非单一的性质，它可以是特质、行为，甚至是领导-追随动态关系（刘毅，2016）。整合上述观点，本书将积极追随力定义为：成功有效的追随者在拥护领导和实现共同目标中所表现出来的积极的心理、行为和关系特征的结合。

9.2.2 积极追随的结构与维度

罗伯特·凯利将追随者划分为五种类型：疏离型追随者、模范型追随者、守旧型追随者、被动型追随者、实用型追随者。其中，模范型追随者可以说是积极追随力的雏形，他们表现出"独立的、批判性的思维并脱离领导者和群体"。随后，凯利编制了追随力风格测量问卷，并试图将所有的追随者变为模范型追随者。Dixon（2003）开发了 TFP 量表，对积极追随力进行测量；刘毅（2016）基于 TFP 开发了积极追随力量表，探索和验证了积极追随力的四维结构：支持力、沟通力、进取心和忠诚度。支持力是指下属对领导下达的任务的执行程度、对领导决策的支持程度、对领导安排的事项的配合程度等；沟通力指下属针对工作中的问题是否能主动地与领导进行有效的沟通；进取心是指下属的学习热情、创新意识、自我展示和目标意识；忠诚度是指下属对领导的认同与配合，以及是否真诚地对待领导。综合已有研究，本书采用了刘毅开发的积极追随力四维结构，认为积极追随力包括支持力、沟通力、进取心、忠诚度。

9.2.3　领导正直行为的界定

截至目前，研究人员在界定领导正直行为方面存在三种观点：第一种观点指出，领导正直是指下属视角中领导个人的道德程度，这种说法侧重于领导者的言谈举止和其三观本身的道德与否。第二种观点指出，领导正直行为是指领导言论和行为的一致性。然而，仅使用一致性来界定领导正直行为过于片面，如果某些领导所说的和其行为是一致的，比如"扬言要报复某下属并且确实进行了报复"，其言论和行为本身是不道德的，也不能认为是正直。第三种观点可以看作是前两种观点的结合，这种观点认为领导正直行为需要从道德和言行一致两个方面进行考察。本书综合以上三种观点，将领导正直行为定义为下属对领导者道德行为和言行一致认知的结合。

9.2.4　领导偏差行为的界定

对于领导偏差行为，当下还没有一个明确的解说。相关文献提出了一些与领导偏差行为相近的概念，包括"偏差行为""职场偏差行为"和"领导越轨行为"。偏差行为，是指违反一定社会的行为准则、价值观念或道德规范的行为。通常表现为反抗权威、寻衅闹事、愤恨不满、不遵守纪律等。严重者有偷窃、故意伤害他人等不道德或违法行为（《当代西方心理学新词典》）。职场偏差行为是指在员工身上发生的、违反组织规范的、负面的角色外的行为，这种行为会对组织中的其他员工造成威胁。包括骚扰、偷窃、暴力等，在组织中普遍存在。领导越轨行为是工作场所中领导者故意违反重要的组织规范的行为。本书综合以上三个相关概念，认为领导偏差行为是指领导者出于利己或利他的动机，违反组织规范，利用领导者地位实施违背正义或不道德的行为。

9.3 研究假设

9.3.1 积极追随力与领导正直行为的关系

领导正直行为是对领导者道德行为与言行一致的综合评价。领导正直行为受领导个人性格因素和组织环境因素影响，组织环境因素包括企业文化、领导者与其上级的关系和领导者与其下属的关系。

领导者由于其领导地位，大部分时间和工作内容都是在与下属进行交互，在此过程中，领导者也会根据下属的态度和反应不断改变自己的行为：如果下属总是将领导安排的任务放在第一位，领导下达的指令也能迅速落实，领导者便会潜意识里感觉到自己对组织的重要性，愿意为组织和员工付出，继而做出更多道德行为；如果下属在工作过程中倾向于坦诚地沟通，明确地支持领导者的正确决策，在领导者出现错误时又能进行提醒而不是虚与委蛇；领导者也会倾向于坦诚地对待下属，进行真诚赞美和恳切批评，即实现更多的言行一致。由此可见，积极追随力可以对领导正直行为起到积极的作用。就此，本书提出如下假设：

H1a：支持力对领导正直行为有显著正向影响。

H1b：沟通力对领导正直行为有显著正向影响。

H1c：进取心对领导正直行为有显著正向影响。

H1d：忠诚度对领导正直行为有显著正向影响。

9.3.2 积极追随力与领导偏差行为的关系

基于刘毅开发的积极追随力量表，积极追随力可以划分成四个维度：

支持力、沟通力、进取心和忠诚度。其中，进取心是指下属不断学习和创新的决心以及投入程度，这在很大程度上取决于下属本身的品格和理想，在工作中积极进取的下属会给组织和领导带来正能量，从而在一定程度上减少领导偏差行为。如果下属对领导不支持、不忠诚，或者不进行建设性沟通甚至阳奉阴违，领导会感觉到工作难以进行，产生负面情绪并有可能导致偏差行为，如打击报复对自己有意见的人、辱骂下属，或者产生讨好行为，如故意给下属多报加班费，以试图改善下属对自己的态度。无论是为了自己的利益还是为了下属的利益，都属于本书讨论的偏差行为。由此，本书提出以下假设：

H2a：支持力对领导偏差行为有显著负向影响。

H2b：沟通力对领导偏差行为有显著负向影响。

H2c：进取心对领导偏差行为有显著负向影响。

H2d：忠诚度对领导偏差行为有显著负向影响。

9.4 实证分析

9.4.1 问卷设计及样本收集

本书采用问卷调研的方式，对积极追随力与领导正直行为和领导偏差行为的关系展开研究。本书参考已有成熟量表，编制了"积极追随力对领导正直行为和领导偏差行为的影响"初始问卷。为了保证问卷的可靠性，经过与同行专家的多次沟通以及小范围的试测，修正了问卷的部分语言描述，得到正式的问卷。该问卷包括四部分内容：第一部分为基本信息，包括被试者的性别、年龄、职业、行业等；第二部分为积极追随力测量量表，该量表借鉴了刘毅的积极追随力量表，从支持力、沟通力、进取心、忠诚度四个方面描述积极追随力，共包含19个题项；第三部分为领导正直行为测量量表，领导正直行为测量借鉴了陈超（2016）开发的中国情境下的领导正直行为量表，该量表从道德行为、言行一致、行为正直三个方面测量领导正直行为，共 16 个题项，该工具是以 Moorman 和 Damold（2013）开发的领导正直行为量表为基础形成的测量工具，在中国情境下具有较好的信度；第四部分为领导偏差行为测量量表，该量表借鉴了洪雁（2016）开发的中国组织情境下领导越轨行为问卷，共 15 个题项。对于样本的选择，本书并没有局限在某些特定的行业或者职业，只是将调查对象限定于企事业单位工作的员工，对其进行调查研究。本次调查采用网络在线调查的形式，通过"问卷星"回收有效问卷 279 份。对回收的有效样本进行统计，结果如表 9-1、表 9-2、表 9-3 所示。

　　表 9-1 为调研样本的性别和年龄分布情况：其中男性共 127 份问卷，占总人数的 45.5%；女性共 152 份，占总人数的 54.5%，调查样本中女性略多于男性。被调查者年龄在 41~50 岁的有 101 人，占总人数的 36.2%，占比相对较大；50 岁以上累计百分比为 19.3%，表明被调查者大多数已工作一定年限并具有一定工作经验。表 9-2 是调研样本的行业分布情况：本次调查各行业均有涉及，其中制造业人数最多，共 36 人，占比 12.9%。表 9-3 为调研样本职业分布情况，本次调查共涉及 15 个职业类别，职业覆盖范围较广。

表 9-1　性别、年龄频率

分类		频率	百分比（%）
性别	男	127	45.5
	女	152	54.5
年龄	18~25 岁	41	14.7
	26~30 岁	23	8.2
	31~40 岁	60	21.5
	41~50 岁	101	36.2
	51~60 岁	52	18.6
	60 岁以上	2	0.7

表9-2 行业频率

行业	频率	百分比（%）	行业	频率	百分比（%）	行业	频率	百分比（%）
IT/电子商务	26	9.3	仪器仪表/自动化	9	3.2	建筑工程/地产开发	13	4.7
快速消费品	5	1.8	机械设备/重工	6	2.2	装潢设计	11	3.9
批发/零售	24	8.6	银行/保险/证券	2	0.7	出版印刷/包装	2	0.7
服装/纺织/皮革	7	2.5	会计/审计	8	2.9	物业管理	5	1.8
家具/工艺品/玩具	6	2.2	航天航空/能源	3	1.1	中介/咨询/猎头	3	1.1
通信/电信运营	28	10.0	餐饮/娱乐/酒店	10	3.6	广告/媒体/艺术	6	2.2
汽车及零配件	4	1.4	制药/医疗设备	2	0.7	交通/运输/物流	11	3.9
教育/培训/科研	5	1.8	医疗/护理/保健	8	2.9	其他行业	38	13.6
制造业	36	12.9	家电	1	0.4	合计	279	100.0

表9-3 职业频率

职业	频率	百分比（%）	职业	频率	百分比（%）
全日制学生	22	7.9	财务/审计人员	8	2.9
生产人员	40	14.3	文职/办事人员	4	1.4
销售人员	32	11.5	技术/研发人员	13	4.7
市场/公关人员	13	4.7	管理人员	23	8.2
客服人员	10	3.6	教师	2	0.7
行政/后勤人员	24	8.6	专业人士	2	0.7
人力资源	23	8.2	其他	63	22.6

9.4.2 信度与效度分析

信度检验采用内部一致性信度（Cronbach's Alpha 系数），结果如表9-4所示：各变量的内部一致性系数介于 0.941 ~ 0.979，均大于 0.9，说明各测量变量具备良好的一致性和可靠性。

表9-4 信度分析

量表	Cronbach's Alpha	项数
积极追随力	0.941	19
领导正直行为	0.979	16
领导偏差行为	0.950	15
总量表	0.920	50

效度检验从内容效度、结构效度两个方面进行：①所有量表采用现有成熟量表，题项表述经过二次修订，内容效度可靠。②结构效度通过探索性因子分析加以检验。借助 SPSS 对各潜变量进行探索性因子分析，得到积极追随力、领导正直行为和领导偏差行为的量表，其中的 KMO 值分别为 0.932、0.955、0.922，均大于 0.9，Bartlett 球形检验的显著水平为 0.000，小于 0.01，且各变量旋转后的维度结构与量表设定保持一致。三个量表 Sig 均为 0，小于 0.05，结构效度良好，自变量可以有效预测因变量的差异，表明三个量表有意义，适合做因子分析。

9.4.3 方差分析

本书从性别、年龄、职业、行业四个方面对领导正直行为和领导偏差行为进行方差分析：不同年龄、职业、行业在领导正直行为和领导偏差行为方面并不存在显著差异；但不同性别在领导正直行为方面得分存在显著差异，结果如表9-5所示。因此本书将性别因素在回归分析中作为控制变量。

表 9-5　领导正直行为和领导偏差行为与性别变量的方差分析

变量		平方和	df	均方	F	显著性
领导正直行为×性别	组间	5.661	1	5.661	4.63	0.032
	组内	338.67	277	1.223		
	总计	344.331	278			
领导偏差行为×性别	组间	0.443	1	0.443	0.48	0.489
	组内	256.004	277	0.924		
	总计	256.447	278			

9.4.4 描述性统计和相关性分析

本书运用 SPSS 软件，对支持力、沟通力、进取心、忠诚度、领导正直行为和领导偏差行为六个变量的值加总求平均。在回收数据录入时，将选项赋予 1~5 五个值。表9-6 为 6 个变量的描述性统计：在总值为 5 的情况下，支持力、沟通力、进取心、忠诚度、领导正直行为五个变量的均值均大于 3，表明这五个变量的水平均高于平均水平；其中，支持力水平为 4.4237，显著高于平均水平。领导偏差行为水平为 1.9250，低于平均水平。相关结果如下：

表9-6 为变量之间的相关性分析，支持力与领导正直行为（r=0.618，p=0）在 1% 水平上显著，支持假设 H1a；沟通力与领导正直行为（r=0.758，p=0）在 1% 水平上显著，支持假设 H1b；进取心与领导正直行为（r=0.667，p=0）在 1% 水平上显著，支持假设 H1c；忠诚度与领导正直行为（r=0.728，p=0）在 1% 水平上显著，支持假设 H1d。

支持力与领导偏差行为（r=−0.257，p=0）在1%水平上显著，支持假设H2a；沟通力与领导偏差行为（r=−0.302，p=0）在1%水平上显著，支持假设H2b；进取心与领导偏差行为（r=−0.250，p=0）在1%水平上显著，支持假设H2c；忠诚度与领导偏差行为（r=−0.311，p=0）在1%水平上显著，支持假设H2d。

表9-6　变量描述性统计及相关分析

	均值	标准差	支持力	沟通力	进取心	忠诚度	领导正直行为	领导偏差行为
支持力	4.4237	0.62503	1					
沟通力	3.8459	0.95037	0.760**	1				
进取心	4.3871	0.74746	0.756**	0.777**	1			
忠诚度	4.1319	0.85112	0.754**	0.809**	0.823**	1		
领导正直行为	3.8683	1.11292	0.618**	0.758**	0.667**	0.728**	1	
领导偏差行为	1.925	0.96045	−0.257**	−0.302**	−0.250**	−0.311**	−0.494**	1

9.4.5　回归分析

（1）积极追随力对领导正直行为的影响

以支持力、沟通力、进取心、忠诚度为自变量，以性别为控制变量，以领导正直行为为因变量，构建回归模型1，运用SPSS进行线性回归分析，模型整体拟合效果如表9-7所示：拟合优度R^2为0.625，调整R^2为0.614，大于0.4；模型拟合度良好。

表9-7　模型1回归方程拟合效果

模型	R	R^2	调整R^2	标准估计的误差	更改统计量				
					R^2更改	F更改	df_1	df_2	Sig. F更改
1	0.791[a]	0.625	0.614	0.69118	0.625	56.346	8	270	0.000

注：a表示预测变量（常量）：性别、支持力、沟通力、进取心、忠诚度。

表 9-8 为支持力、沟通力、进取心、忠诚度对领导正直行为影响的回归系数表：支持力对领导正直行为的回归系数为 -0.007（t = -0.104，p>0.05），两者之间不存在显著的因果关系，不支持假设 H1a；沟通力对领导正直行为的回归系数为 0.469（t = 6.605，p<0.01），两者之间存在显著的因果关系，支持假设 H1b；进取心对领导正直行为的回归系数为 0.042（t = 0.580，p>0.05），两者之间不存在显著的因果关系，不支持假设 H1c；忠诚度对领导正直行为的回归系数为 0.314（t = 4.121，p<0.01），两者之间存在显著的因果关系，支持假设 H1d。

表9-8　领导正直行为回归系数

模型	非标准化系数		标准系数	t	Sig.	B 的 95.0% 置信区间	
	B	标准误差	试用版			下限	上限
（常量）	0.260	0.382		0.681	0.496	-0.492	1.013
支持力	-0.012	0.116	-0.007	-0.104	0.917	-0.240	0.216
沟通力	0.550	0.083	0.469	6.605	0.000	0.386	0.714
进取心	0.063	0.108	0.042	0.580	0.562	-0.150	0.275
忠诚度	0.410	0.100	0.314	4.121	0.000	0.214	0.607
性别	-0.102	0.084	-0.046	-1.216	0.225	-0.267	0.063

（2）积极追随力对领导偏差行为的影响

以支持力、沟通力、进取心、忠诚度为自变量，以性别为控制变量，以领导偏差行为为因变量，构建回归模型 2（积极追随力四因子与领导偏差行为）；运用 SPSS 进行线性回归分析，模型整体拟合效果见表 9-9。拟合优度 R^2 为 0.143，调整 R^2 为 0.118；拟合效果一般。

表9-9　模型 2 回归方程拟合效果

模型	R	R^2	调整 R^2	标准估计的误差	更改统计量				
					R^2 更改	F 更改	df_1	df_2	Sig. F 更改
2	0.378[a]	0.143	0.118	0.90217	0.143	5.635	8	270	0.000

注：a 表示预测变量（常量）：性别、支持力、沟通力、进取心、忠诚度。

表 9-10 为领导偏差行为回归系数表。支持力对领导偏差行为的回归系数为-0.041（t=-0.418，p>0.05），两者之间不存在显著的因果关系，不支持假设 H2a；沟通力对领导偏差行为的回归系数为-0.152（t=-1.412，p>0.05），两者之间不存在显著的因果关系，不支持假设 H2b；进取心对领导偏差行为的回归系数为 0.104（t=0.952，p>0.05），两者之间不存在显著的因果关系，不支持假设 H2c；忠诚度对领导偏差行为的回归系数为-0.238（t=-2.062，p<0.05），两者之间存在显著的因果关系，支持假设 H2d。

表 9-10　领导偏差行为回归系数

模型	非标准化系数		标准系数	t	Sig.	B 的 95.0% 置信区间	
	B	标准误差	试用版			下限	上限
（常量）	2.829	0.499		5.671	0.000	1.847	3.811
支持力	-0.063	0.151	-0.041	-0.418	0.676	-0.361	0.235
沟通力	-0.153	0.109	-0.152	-1.412	0.159	-0.367	0.060
进取心	0.134	0.141	0.104	0.952	0.342	-0.143	0.411
忠诚度	-0.268	0.130	-0.238	-2.062	0.040	-0.524	-0.012
性别	0.024	0.110	0.012	0.218	0.828	-0.192	0.240

9.5　结论与建议

9.5.1　研究结论

经过前期的阅读文献，本书通过对企业员工发放问卷来研究积极追随力对领导正直行为与领导偏差行为的影响，在提出了研究假设之后，分析回收的 279 份调查问卷，依据数据分析结果对前期假设进行检验。研究的主要结论有：①支持力对领导正直行为不存在显著影响；沟通力对领导正直行为存在显著影响；进取心对领导正直行为不存在显著影响；忠诚度对领导正直行为存在显著影响。②支持力对领导偏差行为不存在显著影响；沟通力对领导偏差行为不存在显著影响；进取心对领导偏差行为不存在显著影响；忠诚度对领导偏差行为存在显著影响。

9.5.2 假设不成立的可能原因

支持力对领导正直行为的回归系数为-0.007。支持力主要指下属对领导工作的支持和拥护程度，实际工作中，如果下属过于支持和拥护领导，比如一味地赞美而缺乏意见或建议，有可能会导致领导盲目自大，从而产生一些不正直的行为；但作为下属，支持领导又是其工作的本身特性，领导也更倾向于将高支持看作理所应当，故总体而言，支持力对领导正直没有显著影响。进取心对领导正直的回归系数为0.042。进取心是指下属为实现组织共同目标而不断学习和创新的决心及其投入的程度，更偏向于描述下属自身的学习行为与学习动力；下属能力提高对领导的道德行为和言行一致没有显著影响。

支持力对领导偏差行为的回归系数为-0.041，沟通力对领导偏差行为的回归系数为-0.152，高支持、高沟通的下属有时会在领导出现偏差行为时进行提醒，这会在一定程度上减少领导偏差行为；进取心对领导偏差行为的回归系数为0.104，组织中进取心过强的下属会威胁到领导在群体中的地位，导致领导者采取某些偏离行为来维护自己在组织当中的利益和权力；此外，领导正直行为、领导偏差行为还可能受到领导者本身特质的影响，而本书并没有将领导本身特质作为控制变量考虑，在一定程度上造成某些假设显著性不高。

9.5.3 管理启示

积极追随力会使正直的领导更加正直，但不会改变领导偏差行为。本书研究成果对组织管理实践的价值主要体现在以下三个方面：

第一，组织可以将下属的积极追随力作为人员选拔和任用的重要依据。Depree（1992）就明确指出领导者只有在追随者的认同下才能真正有所作为。曹元坤（2008）也指出：在现实管理实践中，少数积极有效的追随者实质上履行了组织中绝大部分的追随职能。因此，识别和任用积极追随者对组织的发展就显得非常重要。本书所揭示的积极追随力对领导正直行为的正向影响，可以在人员选拔和招聘时运用此量表识别积极的追随者；在考核、晋升时运用此量表识别正直的领导者，排除偏差行为严重的领导者；实现积极追随者与正直领导者的匹配，以驱动积极追随者产出更佳的工作业绩；驱动领导者加强正直品行，鞭策潜在追随者向积极追随者转化，推动人力资源管理工作的创新，从而实现组织效益最大化。

第二，领导正直行为的塑造，不仅要关注领导者本身的培训，更要关注对下属积极追随力的培训，两方面相互补充，共同塑造正直的领导者。领导正直行为对企业的发展极为重要，对于领导正直的塑造，目前主要是通过培训和引入监督机制使领导者不得不正直。本书表明，领导正直行为不仅受领导者本身特质影响，也受到所在环境追随者积极行为的影响：当下属表现出高积极追随力时，领导正直行为会有显著提高。因此在管理实践中，既应当关注领导者正直培训，又应当关注对下属积极追随力的培训，包括下属的沟通力和忠诚度，从而为领导者营造更好的正直环境。

第三，通过下属的积极行为改变领导偏差行为作用有限，应该引进监督机制，让领导者不敢逾越"红线"采取偏差行为。本书表明，支持力、沟通力、进取心对领导偏差行为没有影响，只有忠诚度对领导偏差行为有一定影响，但影响也是有限的：积极追随力并不会削弱领导偏差行为，领导偏差行为更多可能来自其自我决定的部分，因此，对于领导偏差行为的干预也应该更多地从负强化角度采用监督或惩罚的机制。

9.5.4　研究的不足

虽然本书基于国内外学者研究，尝试通过实证分析探讨积极追随力对领导正直行为和领导偏差行为的影响，填补了部分研究空白以及带来一些实践启发，但由于诸多方面的原因，本书仍然存在一定的不足：①测量工具方面。本书的测量工具"领导正直行为"部分是在西方情境下开发的，然后翻译成中文并进行后续研究。虽然开发者进行了多次回译，而且研究验证了这些测量工具具有良好的信度效度，但由于文化差异，可能对结果造成影响。②研究样本方面。在抽样方式的选择上，本书采用随机抽样方式，由于时间、资源等条件限制，本书所收集的数据并不具有完全的代表性。在研究样本的选取上，本书的研究样本选择不限地域、行业、企业规模，所以无法反映不同地域和不同行业积极追随力与领导正直行为的具体情况。③研究方法方面。本书没有采用领导与员工匹配数据，没有采用多个时间点进行追踪研究，未来可以针对这两个方面进行改进。

10

积极追随特质对商业模式创新的影响

10.1.1 商业模式创新

国外在 19 世纪 50 年代就提出了商业模式这一概念，但商业模式是随着互联网企业的兴起才被人们重视起来。Timmers 第一次对商业模式的概念进行了比较正式的界定。由于研究者从不同的方面研究商业模式，所以商业模式的概念没有较为统一的定义。如 Rappa（2000）认为商业模式是企业进行的一系列为了维持经营和未来发展的活动，这也是商业模式的本质内涵。Hawkins（2001）则认为商业模式更多的是一种通过连接产品与服务的营业关系来创造收入，使企业继续进行下去的模式。Afuah（2001）则从创造价值的角度将商业模式定义为企业从获得的各种资源为客户创造出具有价值的产品而从中获取报酬的模式。综合不同学者对商业模式的定义，可以发现商业模式是一种能够给企业带来良好价值的模式。企业在寻找能够给自身带来价值的商业模式时，不能仅仅局限于现有的商业范式，而是需要结合当下趋势以及企业自身特点进行商业模式创新。商业模式创新是在商业模式的概念上被提出来的。它不仅仅包含单纯的技术创新，还包含市场创新、技术创新、平台创新等。对于商业模式创新的概念，不同的学者从不同的学科领域研究有不同的内涵：如从技术创新学角度，吴晓波等认为，对商业模式元素进行创新设计的过程即是商业模式创新；Tidd 和 Bessant（2012）认为商业模式创新的过程不是连续性的；Suarez 等在此基础上补充，商业模式创新不是企业单一的业务活动，而是整个交易网络的重新构建，是价值链上多个企业主体间的联动。Hamel（1998）从战略学的变革视角出发，认为商业模式创新就是通过重塑商业模式，为顾客创造价值从而提高企业竞争力。Aspara（2010）从营销学的导向角度出发，认为商业模式创新是企业主动了解客户需求，从而以满足客户需求为出发点创造新的商业模式的过程。从资源基础观视角来看，企业商业模式创新建立在对外部新颖、有价值和互补知识资源获取与利用的基础上，从而实现价值创造、传递和获取。此外，商业模式创新的内涵，还可以从活动系统创新、价值链重构和要素创新三个角度理解。虽然其对商业模式创新的影响已得到初步验证，但现有研究还存在一些不足，例如，大部分的研究更多的是根据研究目的，从一个较为单一的角度来研究商业模式创新的概念。本书综合 Zhu（2013）等的观点，将商业模式创新定义为通过寻找新逻辑、新方法为顾客创造价值并从中获利的过程。在这一过程中涉及对关键要素的创新、价值链的审视与重塑等过程。

10.1.2　积极追随特质

长期以来，研究者都致力于从领导者的视角研究领导者会对其追随者、组织等产生的影响，但却忽略了追随者的作用。实际上，追随者在感受到领导者的权威、领导力而产生追随力时，会产生一系列的行为来响应领导者的领导，表现出积极建言、乐于奉献、乐于创新等行为，从而更好地帮助企业达成目标。比如罗伯特·凯利的研究发现，企业的成功大多数原因都在于追随者，一个优秀的领导者的养成也离不开追随者的影响作用。因此近些年来，研究者开始重视对追随者的研究。通过对领导者、追随者两者之前的互动等行为及产生的影响等方面的研究归纳总结出了追随理论。

追随理论起源于领导理论，并随着领导理论的发展而发展。追随理论经过了刚开始的"以领导者为中心"，随后转变为"以追随者为中心"，最后形成了"领导-追随互动关系"三个阶段。追随理论认为，追随的基础是领导者和追随者之间相互作用的。其基本特征包括三方面：一是追随者能够进行独立思考，并能够有影响领导的作用；二是追随者在工作过程中会有积极或消极的态度；三是追随者能够与领导者产生交流和互动。遵循领导特质理论的研究路径，一些追随力研究试图总结出追随角色所具备的个性特征，即追随特质。追随特质是指能够影响或决定个体作为追随者身份的心理品质，如能力、品德和情感等。在这些研究中，一类倾向于视追随特质为被动和消极，如顺从、简单地服从命令和缺乏远见；另一类则提出追随特质的双重属性，既包括被动和旁观等消极特质，也包括参与和高效等积极特质。

追随理论的研究思路跟传统领导理论研究思路相类似，主要从追随者的特质和行为两个方面展开。Uhl-Bien 等（2014）主要研究追随特质中较为积极的特质。积极追随特质表现在：工作能力上做到高效、努力且能力卓越；情感上，激情有活力；道德上，有团队精神，乐于奉献且忠诚。上述这些积极特质涵盖了能力、情感和道德三个方面，比以往研究更全面呈现了积极追随特质的内涵。当员工对自身所具有的积极追随特质进行积极假设的时候（即员工内隐追随），形成了员工视角的积极追随原型。包括勤勉、热忱以及好公民三大特质：勤勉特质，即当员工认为自身具备勤奋且讲求效率的工作特质时，倾向于对自身要求更高；热忱指当员工具备富有激情、积极执行等特质时，其工作效率会明显提升；而好公民特质则强调当员工认为自己具备值得信赖、忠心耿耿等特质时，其在工作上表现为更乐于分享，更积极沟通。本书更倾向于根据追随理论，从追随者的心理出发，认为积极追随特质指的是，员工积极为响应领导者的号召而表现出的高效工作、积极热情等特质，并且在工作中做出积极谏言、敢于创新、将企业目标与个人目标相结合、乐于奉献的行为。

10.2　理论假设

10.2.1　积极追随特质与商业模式创新的关系

企业在刚开始时进行的是技术创新，但经过时代的发展和知识的不断深入，人们提出了商业模式并开始进行商业模式创新。互联网时代，创新性的商业模式已经成为新创企业克服资源约束、实现快速成长的一剂良方，可通过构建新能力的形式赋予企业较大竞争优势。在已有的研究中，指出影响商业模式创新的动力因素包括技术创新、市场需求的变化、行业竞争压力、领导者四个方面。而领导者基本参与企业的所有流程，是影响商业模式创新的重要因素之一。McGrath（2010）发现领导者在对企业进行长远规划时，会将头脑中的商业模式概念进行讨论，从而在危险到来前发现企业的弱点，然后会通过寻找新的商业模式来解决问题，促进商业模式创新；而廖素琴（2018）也发现领导者会及时识别企业潜在的发展机遇，并善于抓住机会提高商业模式创新。在进行商业模式创新时还会面对很多挑战，领导者的领导力能够使他们带领自己的团队克服困难：比如商业模式创新不仅要与内部战略相适应，而且要适应外部的不断变化的环境；企业中的领导者具备敏锐的洞察力和对外界变化的高敏感力，这都有利于企业进行商业模式创新。所以在商业模式创新中领导者扮演的角色是非常重要的。

而根据领导-追随理论研究发现，追随者会对领导者的心理及行为产生影响。比如罗瑾琏（2018）发现当下属对其领导呈现依赖与敬重的态度时，就会产生勤勉特质，即下属在心里自发地通过其在工作上表现出的勤奋，追求卓越和成效的行为对领导者进行回报。当下属对领导表现出外向和友好的态度时，就会产生热忱的特质，即下属会更加主动积极地向领导请教和沟通。当下属在充分授权和奖惩公平的条件下对领导表现出对工作满意的态度时，就会产生好公民特质。下属在工作上会表现出更多的责任感和合作精神，对领导者也会更加忠诚。这些行为对领导者进行商业模式创新有重要的影响。

这些行为会使领导者在思考新的商业模式时，将商业模式的想法更加积极地及时与下属沟通，在进行商业模式结构和要素更改行为时（吴玥和杜梦丹，2019），融合多种想法、建议，使新的商业模式更加成熟。商业模式的创新是创新创业层面上各个环节、各个要素的动态过程。它的核心是价值创造，是一种难以模仿的能力。因此在进行商业模式创新的实践时，下属对领导者的意图和传递的信息需要更敏锐、更清晰的感知，这会使领导者给下属布置任务时更加容易；领导者也会更自信地处理在进行商业模式时遇到的问题，进行价值的创造。因为下属是所有工作的支持者和最终的实践者，具备积极追随特质的员工能够更加积极地工作，更愿意去深挖客户需求，包括供给的产品和服务，对于管理者提出的关于新商业模式采取积极的接受态度，并用实际行动将新的商业模式付诸实践，这有利于领导者更全面地深入完善适合本企业的商业模式，从而有利于企业的发展；如果下属的行为和态度呈现消极状态，那么管理者可能不会积极地去发现新的商业模式，即使产生新的商业模式想法，在实施过程中也会遇到阻碍，管理者在解决这些难题时也会产生不自信的心理状态。所以下属的积极追随特质会对领导者产生影响，从而影响商业模式创新创意的产生和应用。基于此，本书提出以下假设：

H1：积极追随特质与商业模式创新有显著的正向关系。

10.2.2　心理资本在积极追随特质与商业模式创新之间的中介作用

企业中的管理活动是由领导者和追随者在一定的情境下共同完成的。追随者的心理状态等因素对领导者的行为存在一定的影响，而追随者的状态和对领导者的忠诚度也会影响领导者的感知、态度和行为，甚至改变领导者的情绪、态度、行为和感知，从而影响领导者的决策。因此，探究员工积极追随的特质会对领导者的心理资本产生怎样的影响尤为重要。计划行为理论认为：领导者的行为由个体的行为意向所决定，行为意向越强，未来就越有可能产生此行为表现；而个体的信念会形成对某行为所持的态度，进而影响其行为意向，引发个体采取此行为。领导者一般透过下属的态度及行为来对其自身行为产生影响。Fredrickson（1998）指出，积极情绪并不只具有一般的行为激励倾向，同时也与特定的行动倾向相联系。心理资本这种积极情绪的行为激励动机，会促使员工产生规范的角色内行为和表现出积极的组织公民行为，且具有扩展作用。具体来说，组织的高绩效工作系统水平越高，员工越倾向于信任领导，积极追随特质越明显。而当员工表现出积极配合领导工作的追随力时，领导者更具自信，相信自己能领导好团队，其心理资本水平就会越高；从而心理资本对领导工作行为的影响就越大，反过来影响员工，使员工更好地完成本职工作，表现出组织公民行为（周菲和张传庆，2012）。陶厚永等（2014）研究发现，具有积极追随特质的员工，即下属对领导者的忠诚、好公民等行为会促使领导者增强自己的乐观和希望。具有积极追随特质的下属会主动积极地和领导者形成相同的企业价值观。那么他们会在态度或行为上进行改变，包括个人对领导者及任务的忠诚、组织公民行为等的增强。领导者对具有积极特质的下属的认同也会使领导不断提高个体的心理、态度及行为。同样，Norman 等（2010）也指出，领导者的自我效能感、乐观、充满希望和坚韧的积极心理状态也会促进提高下属的积极追随特质。领导者通过向下属传达这种积极的心理即更加相信员工的能力，愿意给予员工更多的信任、期待和支持，赢得员工的信任、忠诚与尊重，从而增强与下属之间良好的相互信任关系。此时，下属会在工作中表现出责任感较强，对自己要求较高、目标明确、兢兢业业等行为。正是由于高积极追随特质者具有这些积极特征，他们往往不局限于完成自己角色内要求的工作，对角色外工作也抱有极大的热情，与其他追随者相比在角色外工作中也投入更多的时间和精力。高积极追随特质者为进行企业商业模式创新形成了良好的环境。因此，积极追随特质与心理资本之间存在一定的联系。基于此，本书提出以下假设：

H2：积极追随特质与心理资本有显著的正向关系。

领导者是影响商业模式创新的最重要的动力因素之一。领导者的态度及心理会对其行为产生影响。创新是一个不断试验的反复的过程，只有坚定信念、不怕困难、迎难而上的人才能成功。李凤莲（2017）发现只有自我效能感高的领导者更能从不同的途径中寻找不同的解决方法，在进行商业模式创新时更能以坚韧、乐观的态度面对困难。Luthans 等（2007）通过研究也发现心理资本是积极的特质和心理状态的集合；具备高心理资本的领导者，会更自信地相信自己拥有商业模式创新的能力；会充满希望地接受具有挑战性的工作；表现出在进行商业模式创新过程中勇于克服困难的韧性。具体表现为，高心理资本的领导者，能更好地带领成员深入了解企业情况，结合企业现下的经营状况和市场的风向对企业商业模式等方面进行系统性的归纳总结，吸取团队成员的建议和自身对于企业架构的把握，深入重塑企业的价值架构和框架，并在此基础上对某些要素进行改变或者创新，通过商业情境的场景化配置形成其附加价值的场景化协同效用，进而实现其商业模式创新（Wilkins，2014）。因此，高心理资本的状态，能够从活动系统创新、价值链重构和要素创新、情境因素等方面促进商业模式的创新。除此之外，徐劲松和陈松（2017）通过研究发现：具备高心理资本的领导者通过调整动机、整合利用有限的资源、制定分析有效的行动方案等努力完成任务以达到目标；同时能够促进领导者在进行商业模式创新时提出别出心裁的、有效的解决思路。由于具备高心理资本的领导者往往表现对未来充满希望的态度，所以领导者也是风险的承担者。因为领导者容易受到要达到目的的动机的影响，所以领导者会努力寻找解决问题的新想法和新思路。另外，乐观的态度表现出了领导者将工作的成功归为积极因素。领导者会认为只要通过不断努力就一定会取得令自己满意的结果，这有利于领导者增强自信心和激发斗志。而乐观和坚韧可以帮助领导者在进行商业模式创新的过程中经历一系列困难后能够打破消极的状态，更加勇敢地继续进行下去。当领导者表现出高度的乐观、自我效能感、希望和韧性时，领导者会勇于接受富有挑战性的任务并用积极的态度面对困难，更能从挫折和失败中迅速恢复，并对未来有好的憧憬。所以，心理资本水平越高的领导者，会用更多的努力和积极的态度提出新的商业模式，并促进新的商业模式的应用。因此，心理资本在很大程度上有利于商业模式的创新。基于此，本书提出以下假设：

H3：心理资本与商业模式创新有显著的正向关系。

H4：心理资本在积极追随特质和商业模式创新之间具有中介作用。

10.3 研究设计

10.3.1 问卷设计

本书采用问卷调查的方式来收集数据。问卷共包含四个部分：第一部分为个人的基本信息，包括性别、年龄、受教育程度、单位性质、职务、在本单位的工作年限和在目前岗位的工作年限7道题；第二部分为积极追随特质量表，采用了 Sy（2010）开发的量表，包括勤勉、热忱和好公民三个维度共9道题；第三部分为心理资本测量量表，采用了 Luthans 开发的量表，包括自我效能感、希望、韧性和乐观四个维度共24道题；第四部分为商业模式创新测量量表，借鉴了王炳成开发的量表，包括创意（想法的产生）和应用两个维度共14道题。

10.3.2　信度与效度分析

信度检验采用内部一致性信度（Cronbach's Alpha）系数进行，表10-1为积极追随特质量表、心理资本量表和商业模式创新量表的信度分析：总量表信度系数为0.919，大于0.8，表明问卷具有较高可靠性。分量表中积极追随特质的9个题项、心理资本的24个题项、商业模式创新的14个题项信度系数都大于0.7，表明分量表可靠性相对较高，问卷具有可靠性。

表 10-1　信度分析

变量	Cronbach's Alpha	项数
积极追随特质	0.777	9
心理资本	0.856	24
商业模式创新	0.848	14
总量表	0.919	47

效度检验从内容效度、结构效度两个方面进行：①所有量表采用现有成熟量表，题项表述经过二次修订，内容效度可靠。②结构效度通过探索性因子分析加以检验。借助 SPSS 对各潜变量进行探索性因子分析，得到积极追随特质、心理资本和商业模式创新的量表，KMO 值分别为0.846、0.862、0.896，均大于0.8，Bartlett 球形检验的显著水平为0.000，小于0.01，且各变量旋转后的维度结构与量表设定保持一致。三个量表 Sig 均为0，小于0.05；结构效度良好，自变量可以有效预测因变量的差异；表

明三个量表有意义，适合做因子分析，自变量可以有效预测因变量的差异。

10.3.3 数据收集

本书通过线上调研方式，向企业管理者发放问卷，共回收有效问卷326份。具体情况见表10-2。

参与调查的男女比例总体上差别不大，数量基本相同。说明问卷的调查对象在性别上的分布基本平均。调研样本年龄主要分布在26~35岁和36~45岁，说明此次调查的对象以中青年领导者为主。调研样本受教育程度主要分布在本科和硕士及以上，表明参与的人受教育程度较高，能够理解本问卷所设置的题项内容。调研样本所在单位性质虽然主要分布在国有企业和民营企业，但也涉及各个不同性质的企业，说明样本在企业性质上分布较广泛。调研样本职务主要分布在中高层以上，说明中高层的领导对企业的发展战略和对自己的下属比较了解。调研样本在本单位的工作年限主要分布在4年以上，说明此类员工比较了解本单位的情况。调研样本在目前岗位的年限主要分布在4年以上，说明此类员工对本工作岗位的职责比较了解。

表10-2　基本信息频率

基本信息	类别	频率	百分比（%）
性别	男	159	48.8
	女	167	51.2
年龄	25岁及以下	4	1.2
	26~35岁	213	65.3
	36~45岁	93	28.5
	46~55岁	16	4.9
受教育程度	高中及以下	3	0.9
	大专	34	10.4
	本科	239	73.3
	硕士及以上	50	15.3

续表

基本信息	类别	频率	百分比（%）
单位性质	国家政府机关	7	2.1
	事业单位	21	6.4
	国有企业	99	30.4
	民营企业	196	60.1
	其他	3	0.9
职务	高层管理	34	10.4
	中层管理	214	65.6
	基层管理	78	23.9
工作年限	1年以下	3	0.9
	1~3年	26	8
	4~6年	123	37.7
	7年及以上	174	53.4
岗位年限	1年以下	8	2.5
	1~3年	86	26.4
	4~6年	176	54
	7年及以上	56	17.2

10.3.4 描述性统计和相关性分析

对积极追随特质、心理资本和商业模式创新三个变量运用 SPSS 软件对其值加总求平均。在数据回收录入时，将选项赋予 1~5 共 5 个值。表 10-3 为三个研究变量的描述性统计：在总值为 5 的情况下，积极追随特质、心理资本和商业模式创新三个变量的均值均大于 3，表明这三个变量的水平均高于平均水平；且积极追随特质、心理资本这两个变量的均值水平都大于 4，显著高于平均水平。

表 10-3 为变量之间的相关性分析，积极追随特质与心理资本（r=0.502，p=0）、积极追随特质与商业模式创新（r=0.405，p=0）在 1% 水平上显著相关，支持假设 H2 积极追随特质对心理资本有显著的正向关系，和假设 H1 积极追随特质对商业模式创新有显著的正向关系；心理资本与商业模式创新（r=0.743，p=0）在 1% 水平上显著相关，支持假设 H3 心

理资本对商业模式创新有显著的正向关系。

表 10-3 相关性分析

变量	均值	标准差	积极追随特质	心理资本	商业模式创新
积极追随特质	4	0.497	1	0.502**	0.405**
心理资本	4.01	0.409		1	0.743**
商业模式创新	3.79	0.523			1

注：** 表示在 1% 水平（双侧）上显著相关。

10.3.5 回归分析

运用 SPSS 软件进行回归分析，进一步检验相关关系的作用方向。ΔF 即 p 值越小，表示变量之间关系越显著。

以商业模式创新为因变量、积极追随特质为自变量进行回归分析，得到模型 M1；以心理资本为因变量、积极追随特质为自变量进行回归分析，得到模型 M2；以商业模式创新为因变量、心理资本为自变量进行回归分析，得到模型 M3；以商业模式创新为因变量、积极追随特质和心理资本同时为自变量得到模型 M4。具体的回归分析结果如表 10-4 所示：

表 10-4 回归分析

变量类型	模型	M1	M2	M3	M4
	因变量	商业模式创新	心理资本	商业模式创新	商业模式创新
控制变量	性别	−0.065	−0.102	0.013	0.008
	年龄	0.035	0.052	−0.005	−0.002
	受教育程度	−0.02	−0.007	−0.014	−0.015
	单位性质	−0.053	0.015	−0.062	−0.064
	职务	0.092	−0.025	0.111	0.11
	工作年限	0.136	0.072	0.087	0.085
	岗位年限	−0.034	−0.024	−0.016	−0.016
自变量	积极追随特质	0.404***	0.512***		0.037***

续表

变量 类型	模型	M1	M2	M3	M4
	因变量	商业模式 创新	心理资本	商业模式 创新	商业模式 创新
中介变量	心理资本			0.734 ***	0.716 ***
R^2		0.207	0.272	0.579	0.58
ΔR^2		0.187	0.253	0.569	0.568
ΔF		0	0	0	0

注：*** 表示 $p<0.001$；** 表示 $p<0.01$；* 表示 $p<0.05$。

（1）积极追随特质与商业模式创新关系的检验

以商业模式创新为因变量、积极追随特质为自变量进行回归分析，得到模型 M1。表 10-4 中 M1 的回归结果表明：积极追随特质对商业模式创新（$\beta=0.404$，$p<0.001$）回归显著，表明积极追随特质对商业模式创新具有显著正向影响，因此假设 H1 成立。

（2）心理资本中介作用的检验

对于中介作用的检验，Baren 等（1986）认为应符合以下三个条件：①自变量对因变量有显著影响。②自变量对中介变量有显著影响。③在控制中介变量后，自变量对因变量的影响消失或明显减小。本书采用此观点，对有关结果进行分析。

以心理资本为因变量、积极追随特质为自变量进行回归分析，得到模型 M2。表 10-4 中 M2 的回归结果表明：积极追随特质对心理资本（$\beta=0.512$，$p<0.001$）回归显著；表明积极追随特质对心理资本具有显著正向影响。因此假设 H2 成立；以商业模式创新为因变量、心理资本为自变量进行回归分析，得到模型 M3。表 10-4 中 M3 的回归结果表明：积极追随特质对商业模式创新（$\beta=0.734$，$p<0.001$）回归显著；表明心理资本对商业模式创新具有显著正向影响，因此假设 H3 成立。以商业模式创新为因变量、积极追随特质和心理资本同时为自变量得到模型 M4。表 10-4 中 M4 的回归结果表明：当以商业模式创新为因变量、积极追随特质为自变量，同时引入心理资本作为自变量时，β 由 0.404 减少到 0.037；在此情况下 p 仍然小于 0.001，即积极追随特质对商业模式创新的影响仍然显著。

所以心理资本在积极追随特质对商业模式创新的影响中有部分中介作用，由此验证了假设 H4 成立。

10.4　结论

10.4.1　主要研究结论

通过对企业中领导者发放问卷来研究积极追随特质对商业模式创新的影响因素，在提出了研究假设之后，分析回收的 326 份有效调查问卷，依据数据分析结果对前期假设进行检验。研究的主要结论有：

第一，积极追随特质与商业模式创新有显著正向关系。与假设 H1 一致，积极追随特质与商业模式创新有显著正向关系，即下属的积极追随特质越高，领导者会更愿意进行商业模式创新：下属表现出对工作的勤勉、热忱和忠诚等积极特质时，会对领导者的心理产生肯定；领导者在进行商业模式创新的过程中会用更自信和更乐观的态度迎接挑战，不畏过程中面临的各种困难，最终使企业能进一步发展；如果下属没有表现出积极的追随特质，会使领导者在进行商业模式创新时更容易放弃。因为下属是整个过程的支持者和执行者，没有下属的支持，领导者即使提出新的商业模式也不能将其付诸实践，最终导致失败。

第二，积极追随特质与心理资本有显著正向关系。与假设 H2 一致，下属的积极追随特质与领导者的心理资本呈显著正向关系，即当下属表现为高度的勤勉、热忱和好公民特质时，会使领导者在接受挑战时相信自己能够做好，并且在遇到挫折或其他情况下能够尽快地平复心态寻找不同的解决方法，在面对未来的发展时充满希望；当下属对工作表现出消极的态度时，会使领导者畏惧接受具有挑战性的任务，不能乐观面对挫折，沉浸在消极的环境中，对未来充满失望。

第三，心理资本与商业模式创新有显著正向关系。与假设 H3 一致，领导者的心理资本与商业模式创新有显著正向关系，即领导者的心理资本对商业模式创新有影响：首先，具备高心理资本的领导者会相信自己能够完成挑战性的工作。他们通过调整动机、整合利用有限的资源，制定分析有效的行动方案等努力完成任务以达到目标，同时能够促进领导者在进行商业模式创新时提出别出心裁的、有效的解决思路。其次，具备高心理资本的领导者往往表现出对未来充满希望的态度，所以领导者也是风险的承担者。因为领导者容易受到要达到目的的动机的影响，所以领导者会努力寻找解决问题的新想法和新思路。最后，乐观的态度表现了领导者将工作的成功归为积极因素：领导者会认为只要通过不断努力就一定会取得令自己满意的结果，这有利于领导者增强自信心和激发斗志。而乐观和坚韧可以帮助领导者在进行商业模式创新的过程中，经历一系列困难后能够打破消极状态，更加勇敢地继续进行下去。

第四，心理资本的中介作用。与假设 H4 一致，心理资本在积极追随特质和商业模式创新中有中介作用。下属的积极追随特质能够对领导者的态度及行为产生影响从而影响领导者在进行商业模式创新过程中的心理状态，进而影响领导者的行为。

10.4.2 管理应用启示

依据实证研究的相关研究结论，本书对如何提升商业模式创新提出几点建设性建议。

第一，重视具有积极追随特质的下属在商业模式创新中的影响。领导者是影响商业模式创新的重要因素，而追随者是影响领导者的一个必不可少的因素。当下属产生勤勉特质、热忱特质和好公民特质时，能给领导者一种积极的心理状态，让领导者在接受挑战时感受到自己有坚强的后盾，从而不畏艰险。而领导者在思考新的商业模式时，会将商业模式的想法更加积极、及时地与下属沟通，使新的商业模式更加成熟。在进行商业模式创新实践时，下属对领导者的意图和传递的信息也能更清晰地感知，这会使领导者给下属布置任务时更加容易；领导者也会更自信地处理在进行商业模式时遇到的问题。因为下属是所有工作的支持者和最终的实践者，具备积极追随特质的员工对于管理者提出的，关于新商业模式采取积极的态度接受，并用实际行动将新的商业模式付诸实践。所以要重视下属的积极追随特质间接对商业模式创新创意产生和应用产生影响。

第二，正确认识下属与领导者的关系。在以前的研究中，我们都错误地将追随者当作被动接受的个体，忽视了下属才是重要的个体因素。但经过经济的发展和研究的不断深入，我们的观点已经发生了转变：领导者的领导力并不是天生的，他需要有积极的追随者才能有领导力的产生。所以一个好的领导者利用以人为本的理念，将下属放在重要的位置，将培养积极的追随者作为领导的目标。从而让下属感觉到归属感，愿意为企业的发展去努力。领导者尽力将权力下放给下属，给下属一种安全的心理反应，从而增强下属对企业的忠诚。这样才能让下属主动积极地参与进来，方便新的商业模式顺利地实施。

领导者也要学会帮助具有积极追随特质的员工更好地展现追随行为。员工首先必须具备积极追随特质，才能从心理上主动对领导者展开积极的追随行为。但领导者不能处于被动的地位，因为员工的积极追随特质也会根据领导者的态度和行为被激发出来。所以领导者也能通过主动采取措施，比如关心员工的工作和生活，对员工要多包容。激发员工的积极追随特质，帮助下属更好地展现追随行为，从而提升个人绩效和企业绩效，为企业进行商业模式创新创造良好的条件。给员工在工作上一定的权力，从而创造一种和谐的工作环境，让员工感受到在企业的归属感。另外，领导者在工作上对待任何人及任何事都要持有公平的态度：既要与下属成为朋友关系，也要具有一定的威信力；要时刻关注员工的心理状态，多与下属进行沟通，增进对彼此的了解。

参考文献

［1］Afsar, B., Badir, Y. F., Saeed, B. B. & Hafeez, S. Transformational and transactional leadership and employee's entrepreneurial behavior in knowledge-intensive industries ［J］. the International Journal of Human Resource Management, 2017, 28（2）: 307-332.

［2］Şahin Murat Doğan. Effect of item order on certain psychometric properties: A demonstration on a cyberloafing scale ［J］. Frontiers in Psychology, 2021.

［3］Amit, R., Zott, C. & Value, M. Creation in E-Business ［J］. Strategic Management Journal, 2001, 22, 493-520.

［4］Ashforth, B. E., Harrison, S. H. & Corley, K. G. Identification in organizations: An examination of four Fundamental questions ［J］. Journal of Management, 2008（34）: 325-374.

［5］Bagheri, A. The impact of entrepreneurial leadership on innovation work behavior and opportunity recognition in high-technology SMEs ［J］. Journal of High Technology Management Research, 2017, 28（2）: 159-166.

［6］Baker, S. D. Followership: The theoretical foundation of a contemporary construct ［J］. Journal of Leadership Organizational Studies, 2007（14）: 50-60.

［7］Baron, R. A. The cognitive perspective: A valuable tool for answering entrepreneurship's basic "why" questions ［J］. Journal of Business Venturing, 2004, 19（2）: 221-239.

［8］Baron, R. M., Kenny, D. A. The moderator-mediator variable distinction in social psychological research: Conceptual, strategic, and statistical considerations ［J］. Journal of Personality and Social Psychology, 1986, 51

（6）: 1173.

［9］ Bastardoz, N. , Van Vugt, M. The nature of followership: Evolutionary analysis and review ［J］. The Leadership Quarterly, 2019, 30 (1): 81-95.

［10］ Benson, A. J. , Hardy, J. & Eys, M. Contextualizing leaders' interpretations of proactive followership ［J］. Journal of Organizational Behavior, 2016, 37 (7): 949-966.

［11］ Schyns, B. , Kroon, B. & Moors, G. Follower characteristics and the perception of leader-member exchange ［J］. Journal of Managerial Psychology, 2008, 23 (7): 772-788.

［12］ Bjugstad, K. , Thach, E. C. , Thompson, K. J. & Morris, A. A fresh look at followership: A model for matching followership and leadership styles ［J］. Journal of Behavioral and Applied Management, 2006, 7 (3): 304.

［13］ Boje, D. M. Stories of the storytelling organization: A postmodern analysis of Disney as "Tamaraland." ［J］. Academy of Management Journal, 1995 (38): 997-1035.

［14］ Burak Oc, Michael R. Bashshur. Followership, leadership and social influence ［J］. The Leadership Quarterly, 2013, 24 (6): 919-934.

［15］ Campbell, D. P. The challenge of assessing leadership characteristics ［J］. Leadership in Action, 1991, 11 (2): 1-8.

［16］ Cardon, M. S. , Wincent, J. , Singh, J. & Drnovsek, M. The nature and experience of entrepreneurial passion ［J］. Academy of Management Review, 2009, 34 (3): 511-532.

［17］ Carsten, M. K. , Uhl-Bien, M. , West, B. J. , Patera, J. L. & McGregor, R. Exploring social constructions of followership: A qualitative study ［J］. The Leadership Quarterly, 2010, 21 (3): 543-562.

［18］ Casa de Sus-Masanell, R. , Zhu F. Business model innovation and competitive imitation: The case of sponsor-based business models ［J］. Strategic Management Journal, 2013, 34 (4): 464-482.

［19］ Chaleff, I. The courageous follower: Standing up to & for our leaders ［M］. San Francisco: Berrett-Koehler Publishers, 2009.

［20］Chan, K. Y. , Moon-ho, R. H. , Chernyshenko, O. S. , et al. Entrepreneurship, professionalism, leadership: A framework and measure for understanding boundaryless careers ［J］. Journal of Vocational Behavior, 2012, 81 (1): 73-88.

［21］Chen, C. C. , Chen, Y. R. & Xin, K. Guanxi practices and trust in management: A procedural justice perspective ［J］. Organization Science, 2004, 15 (2): 200-209.

［22］Chong, M. P. , Peng, T. K. , Fu, P. P. , Richards, M. , Muethel, M. , Caldas, M. P. & Shang, Y. F. Relational perspectives on leaders' influence behavior: The mediation of western leader-member exchange and Chinese guanxi ［J］. Journal of Cross-Cultural Psychology, 2015, 46 (1): 71-87.

［23］Cohen, A. L. , Dixon, R. A. , Lindescey, D. S. & Masson, M. E. The effect of perceptual distinctiveness on the prospective and retrospective components of prospective memory in young and old adults ［J］. Canadian Journal of Experimental Psychology = Revue Canadienne de Psychologie Expérimentale, 2003, 57 (4): 274-289.

［24］Criscuolo, P. , Salter, A. & Wal, A. Going underground: Bootlegging and individual innovative performance ［J］. Organization Science, 2014, 25 (5): 1287-1305.

［25］Crossman, B. , Crossman, J. Conceptualising followership: A review of the literature ［J］. Leadership, 2011, 7 (4): 481-497.

［26］Davidian, M. Hierarchical linear models: Applications and data analysis methods ［J］. Publications of the American Statistical Association, 2002, 98 (463): 767-768.

［27］Dvir, T. & Shamir, B. Follower developmental characteristics as predicting transformational leadership: A longitudinal field study ［J］. The Leadership Quarterly, 2003, 14 (3): 327-344.

［28］Eden, D. , & Leviatan, U. Implicit leadership theory as a determinant of the factor structure underlying supervisory behavior scales ［J］. Journal of Applied Psychology, 1975, 60 (6): 736.

［29］ Ehrhart, M. G. & Klein, K. J. Predicting followers' preferences for charismatic leadership: The influence of follower values and personality ［J］. The Leadership Quarterly, 2001, 12 （2）: 153–179.

［30］ Ehrhart, M. G. Self-concept, implicit leadership theories, and follower preferences for leadership ［J］. Zeitschrift für Psychologie, 2012, 220 （4）: 231–240.

［31］ Epitropaki, O. , Kark, R. , Mainemelis, C. & Lord, R. G. Leadership and followership identity processes: A multilevel review ［J］. The Leadership Quarterly, 2016, 28 （1）: 104–129.

［32］ Epitropaki, O. & Martin, R. From ideal to real: A longitudinal study of the role of implicit leadership theories on leader–member exchanges and employee outcomes ［J］. Journal of Applied Psychology, 2005, 90 （4）: 659–676.

［33］ Epitropaki, O. & Martin, R. Implicit leadership theories in applied settings: Factor structure, generalizability, and stability over time ［J］. Journal of Applied Psychology, 2004, 89 （2）: 293–310.

［34］ Epitropaki, O. , Sy, T. , Martin, R. , Tram-Quon, S. & Topakas, A. Implicit leadership and followership theories "in the wild": Taking stock of information-processing approaches to leadership and followership in organizational settings ［J］. The Leadership Quarterly, 2013, 24 （6）: 858–881.

［35］ Ferrell, P. & Bryan C. McCannon. Sources of deviant behavior: Contrasting alternative explanations in the laboratory ［J］. Journal of Behavioral and Experimental Economics, 2017 （71）: 31–44.

［36］ Foti, R. J. , Hansbrough, T. K. , Epitropaki, O. & Coyle, P. T. Dynamic viewpoints on implicit leadership and followership theories: Approaches, findings, and future directions ［J］. The Leadership Quarterly, 2017, 28 （2）: 261–267.

［37］ Fredrickson, B. L. The role of positive emotions in positive psychology: The broaden-and-build theory of positive emotions ［J］. American Psychologist, 2001, 56 （3）: 218.

[38] Fredrickson, B. L. What Good are Positive Emotions [J]. Review of General Psychology, 1998, 2 (3): 300-319.

[39] Freeman, D., Siegfried Jr, R. L. Entrepreneurial leadership in the context of company start-up and growth [J]. Journal of Leadership Studies, 2015, 8 (4): 35-39.

[40] Fuller, J. B., Marler, L. E. & Hester, K. Bridge building within the province of proactivity [J]. Journal of Organizational Behavior, 2012, 33 (8): 1053-1070.

[41] Galperin, B. L. Determinants of deviance in the workplace: An empirical examination in Canada and Mexico [D]. Degree of Doctorat Concordia University, 2002.

[42] Gardner, W. L., Lowe, K. B., Meuser, J. D., et al. The leadership trilogy: A review of the third decade of the leadership quarterly [J]. The Leadership Quarterly, 2020, 31 (1): 101379.

[43] Gawronski, B., Payne, B. K. et al. Handbook of implicit social cognition: Measurement theory and applications [M]. New York: Guilford Press, 2011.

[44] Gkorezis, P., Bellou, V. & Skemperis, N. Nonverbal communication and relational identification with the supervisor-evidence from two countries [J]. Management Decision, 2015, 53 (5): 1005-1022.

[45] Guenter, H., Schreurs, B., van Emmerik, I. H. & Sun, S. What does it take to break the silence in teams: Authentic leadership and/or proactive followership? [J]. Applied Psychology, 2017, 66 (1): 49-77.

[46] Gupta, V., MacMillan, I. C. & Surie, G. Entrepreneurial leadership: Developing and measuring a cross-cultural construct [J]. Journal of Business Venturing, 2004, 19 (2): 241-260.

[47] Harrison, P., Roomi, M, A. Entrepreneurial leadership and islamic perceptions: Institutional, market, and cultural approaches [J]. Social Science Electronic Publishing, 2015.

[48] Harrison, R. T., Leitch C & McAdam, M. Breaking glass: Toward

a gendered analysis of entrepreneurial leadership [J]. Journal of Small Business Management, 2015, 53 (3): 693-713.

[49] Haslam, N., Fiske, A. P. Implicit relationship prototypes: Investigating five theories of the cognitive organization of social relationships [J]. Journal of Experimental Social Psychology, 1992, 28 (5): 441-474.

[50] Herhausen, D. Unfolding the ambidextrous effects of proactive and responsive market orientation [J]. Journal of Business Research, 2016, 69 (7): 2585-2593.

[51] Hofmann, D. A., Gavin, M. B. Centering decisions in hierarchical linear models: Implications for research in organizations [J]. Journal of Management, 1998, 24 (5): 623-641.

[52] Hofmann, S. A., Griffin, M. A. & Gavin, M. B. The application of hierarchical linear modeling to organizational research [M]. In K. J. Klein & S. W. J. Kozlowski (Eds.), Multilevel theory, research, and methods in organizations: Foundations, extensions, and new directions, 2000: 467-511.

[53] Hofstede, G. Motivation, leadership, and organization: Do American theories apply abroad? [J]. Organizational Dynamics, 1980, 9 (1): 42-63.

[54] Hogg, M. A. A social identity theory of leadership [J]. Personality and Social Psychology Review, 2001, 5 (3): 184-200.

[55] Hoyt, C. L., et al. I can do that: The impact of implicit theories on leadership role model effectiveness [J]. Personality and Social Psychology Bulletin, 2012, 38 (2): 257-268.

[56] Johnson, E. Business model ceneration: A handbook for visionaries, game changers, and challengers [J]. Journal of Product Innovation Management, 2012, 29 (6): 1099-1100.

[57] Junker, N. M. van Dick, R. Implicit theories in organizational settings: A systematic review and research agenda of implicit leadership and followership theories [J]. Leadership Quarterly, 2014, 25 (6): 1154-1173.

[58] Kam, C., Risavy, S. D., Perunovic, E. & Plant, L. Do subordinates formulate an impression of their manager's implicit person theory? [J]. Ap-

plied Psychology, 2014, 63 (2): 267-299.

［59］ Kark, R., Van Dijk, D. Motivation to lead, motivation to follow: The role of the self-regulatory focus in leadership processes ［J］. Academy of Management Review, 2007, 32 (2): 500-528.

［60］ Kellerman, B. How followers are creating change and changing leaders ［M］. Boston: Harvard Business School Press, 2008.

［61］ Kelley, R. E. Rethinking followership ［M］. In R. E. Riggio, I. Chaleff, & J. Lipman-Blumen (Eds.) The art of followership (pp. 5-16). San Francisco, CA: Josey-Bass, 2008.

［62］ Kelley, R. E. The power of followership: How to create leaders people want to follow, and followers who lead themselves ［M］. New York: Broadway Business, 1992.

［63］ Kelley, R. In Praise of Followers ［J］. Harvard Business Review, 1988, 66 (6): 142-148.

［64］ Kenney, R. A., Schwartz-Kenney, B. M. & Blascovich, J. Implicit leadership theories: Defining leaders described as worthy of influence ［J］. Personality and Social Psychology Bulletin, 1996, 22 (11): 1128-1143.

［65］ Kim, T. Y., Liden, R. C., Kim, S. P. & Lee, D. R. The interplay between follower core self - evaluation and transformational leadership: Effects on employee outcomes ［J］. Journal of Business and Psychology, 2015, 30 (2): 345-355.

［66］ Knippenberg, D. V., Hogg, M. A. A social identity model of leadership effectiveness in organizations ［J］. Research In Organizational Behavior, 2003, 25 (25): 243-295.

［67］ Koryak, O., Mole, K. F., Lockett, A., Hayton, J. C., Ucbasaran, D. & Hodgkinson, G. P. Entrepreneurial leadership, capabilities and firm growth ［J］. International Small Business Journal, 2015, 33 (1): 89-105.

［68］ Kuratko, Donald, F. Entrepreneurial leadership in the 21st century ［J］. Journal of Leadership and Organizational Studies (Baker College), 2007 (13): 1-11.

［69］Leitch, C. M., Volery, T. Entrepreneurial leadership: Insights and directions ［J］. International Small Business Journal, 2017, 35 （2）: 147-156.

［70］Leroy, H. et al. Authentic leadership, authentic followership, basic need satisfaction, and work role performance: A cross-level study ［J］. Journal of Management, 2015, 41 （6）: 1677-1697.

［71］Lewin, K. Defining the field at a given time ［J］. Psychological Review, 1943, 50 （3）: 292.

［72］Lührmann, T., Eberl, P. Leadership and identity construction: Reframing the leader-follower interaction from an identity theory perspective ［J］. Leadership, 2007, 3 （1）: 115-127.

［73］Lin, C. J. A multi-level test for social regulatory focus and team member creativity: Mediating role of self-leadership strategies ［J］. Leadership & Organization Development Journal, 2017, 38 （8）: 1057-1077.

［74］Li, S. L., Huo, Y. & Long, L. R. Chinese traditionality matters: Effects of differentiated empowering leadership on followers' trust in leaders and work outcomes ［J］. Journal of Business Ethics, 2017, 145 （1）: 81-93.

［75］Lockwood, P., Jordan, C. H., & Kunda, Z. Motivation by positive or negative role models: Regulatory focus determines who will best inspire us ［J］. Journal of Personality and Social Psychology, 2002, 83 （4）: 854.

［76］Lord, R. G., Brown, D. J., Freiberg, S. J. Understanding the dynamics of leadership: The role of follower self-concepts in the leader/follower relationship ［J］. Organizational Behavior Human Decision Process, 1999, 78 （3）: 167-203.

［77］Lord, R. G., Foti, R. J. & De Vader, C. L. A test of leadership categorization theory: Internal structure, information processing, and leadership perceptions ［J］. Organizational Behavior and Human Performance, 1984, 34 （3）: 343-378.

［78］Love M. S. Dustin S. L. An investigation of coworker relationships and psychological collectivism on employee propensity to take charge ［J］. The International Journal of Human Resource Management, 2014, 25 （9）: 1208-1226.

［79］Lundin, S. C. , Lancaster, L. C. & Gardner, J. W. The importance of followership. (developing good followers in organizational work) (includes related article).

［80］Luthans, F. , Youssef, C. M. Human, social, and now positive psychological capital management: Investing in people for competitive advantage ［J］. Organizational Dynamics, 2004 (33): 143-160.

［81］Luthans, F. , Youssef, C. M. & Avolio, B. J. Psychological capital: Developing the human competitive edge ［M］. Oxford, UK: Oxford University Press, 2007.

［82］Luthans, F. , Youssefmorgan, C. M. Psychological capital: An evidence-based positive approach ［J］. Annual Review of Organizational Psychology and Organizational Behavior, 2017, 4 (1): 339-366.

［83］Mabula, et al. The association of maltreatment and socially deviant behavior—Findings from a national study with adolescent students and their parents-ScienceDirect ［J］. Mental Health & Prevention, 2019 (13): 159-168.

［84］Martin, R. A review of the literature of the followership since 2008: The importance of relationships and emotional intelligence ［J］. Sage Open, 2015, 5 (4): 1-9.

［85］Der Foo, M. , Knockaert, M. & Erikson, T. When does promotion focus predict entrepreneurial intentions? Only in favorable conditions ［R］. Working Papers of Faculty of Economics and Business Administration, Ghent University, Belgium, 2011.

［86］Meindl, J. R. The romance of leadership as a follower-centric theory: A social constructionist approach ［J］. The Leadership Quarterly, 1995, 6 (3): 329-341.

［87］Offermann, L. R. , Coats, M. R. Implicit theories of leadership: Stability and change over two decades ［J］. The Leadership Quarterly, 2018, 29 (4): 513-522.

［88］Offermann, L. R. , Kennedy Jr, J. K. & Wirtz, P. W. Implicit leadership theories: Content, structure, and generalizability ［J］. The Leadership Quarterly, 1994, 5 (1): 43-58.

[89] Padilla, A., Hogan, R. & Kaiser, R. B. The toxic triangle: Destructive leaders, susceptible followers, and conducive environments [J]. The Leadership Quarterly, 2007, 18 (3): 176-194.

[90] Palanski, M. E., Yammarino, F. J. Integrity and leadership: A multi-level conceptual framework [J]. Leadership Quarterly, 2009, 20 (3): 405-420.

[91] Parker S. K., Collins C. G. Taking stock: Integrating and differentiating multiple proactive behaviors [J]. Journal of Management, 2010, 36 (3): 633-662.

[92] Platow, M. J., & van Knippenberg, D. A social identity analysis of leadership endorsement: The effects of leader ingroup prototypicality and distributive intergroup fairness [J]. Personality and Social Psychology Bulletin, 2001, 27 (11): 1508-1519.

[93] Raudenbush, S. W. & Bryk, A. S. Hierarchical linear models: Applications and data analysis methods (Vol. 1) [M]. London: Sage, 2002.

[94] Renko, M., El Tarabishy, A., Carsrud, A. L. & Brännback, M. Understanding and measuring entrepreneurial leadership style [J]. Journal of Small Business Management, 2015, 53 (1): 54-74.

[95] Rosenkopf, L., Nerkar, A. Beyond local search: Boundary-spanning, exploration, and impact in the optical disk industry [J]. Strategic Management Journal, 2001, 22 (4): 287-306.

[96] Rowe, W. G. Creating wealth in organizations: The role of strategic leadership [J]. Academy of Management Perspectives, 2001, 15 (1): 81-94.

[97] Ruvio, A., Rosenblatt, Z. & Hertz-Lazarowitz, R. Entrepreneurial leadership vision in nonprofit vs. for-profit organizations [J]. The Leadership Quarterly, 2010, 21 (1): 144-158.

[98] Schyns, B., Kiefer, T., Kerschreiter, R. & Tymon, A. Teaching implicit leadership theories to develop leaders and leadership: How and why it can make a difference [J]. Academy of Management Learning & Education,

2011, 10 (3): 397-408.

[99] Scott, C. P., Jiang, H., Wildman, J. L. & Griffith, R. The impact of implicit collective leadership theories on the emergence and effectiveness of leadership networks in teams [J]. Human Resource Management Review, 2018, 28 (4): 464-481.

[100] Sevier, R. A. Communicationsjnc, S. Follow the leader [M]. USA: Research and Marketing Stamatas Communications, Inc.

[101] Shane, W. et al. Blazing new trails or opportunity lost? Evaluating research at the intersection of leadership and entrepreneurship [J]. The Leadership Quarterly, 2018, 29 (1): 150-164.

[102] Simsek, Z., Jansen, J. J., Minichilli, A. & Escriba-Esteve, A. Strategic leadership and leaders in entrepreneurial contexts: A nexus for innovation and impact missed? [J]. Journal of Management Studies, 2015, 52 (4): 463-478.

[103] Singer, J. D. Using SAS PROC MIXED to fit multilevel models, hierarchical models, and individual growth models [J]. Journal of Educational and Behavioral Statistics, 1998, 23 (4): 323-355.

[104] Sluss, D. M., Ashforth, B. E. Relational identity and identification: Defining ourselves through work relationships [J]. Academy of Management Review, 2007, 32 (1): 9-32.

[105] Snihur, Y., Wiklund, J. Searching for innovation: Product, process, and business model innovations and search behavior in established firms [J]. Long Range Planning, 2019, 52 (3): 305-325.

[106] Solansky, S., Gupta, V. & Wang, J. Ideal and Confucian implicit leadership profiles in China [J]. Leadership & Organization Development Journal, 2017, 38 (2): 164-177.

[107] Stamper, C. L., Masterson, S. S. Insider or outsider? How employee perceptions of insider status affect their work behavior [J]. Journal of Organizational Behavior: The International Journal of Industrial, Occupational and Organizational Psychology and Behavior, 2002, 23 (8): 875-894.

［108］Steffens, N. K., Haslam, S. A., Jetten, J. & Mols, F. Our follow-ers are lions, theirs are sheep: How social identity shapes theories about follower-ship and social influence ［J］. Political Psychology, 2018, 39 (1): 23–42.

［109］Suarez, F. F., Cusumano, M. A. & Kahl, S. J. Services and the business models of product firms: An empirical analysis of the software industry ［J］. Management Science, 2012, 59 (2): 420–435.

［110］Sun, G. H. Research on decision-making of low-carbon technolo-gy in agricultural product supply chain ［C］. 2016 Chinese Control and Decision Conference (CCDC). IEEE, 2016.

［111］Sutton, M., Miller, M. Public health leadership and management ［J］. American Journal of Preventive Medicine, 2002, 23 (2): 140–141.

［112］Sy, T. What do you think of followers? Examining the content, structure, and consequences of implicit followership theories ［J］. Organizational Behavior and Human Decision Processes, 2010, 113 (2): 73–84.

［113］Nicholas, T. Secrets of Entrepreneurial leadership: Building Top Per-formers through Trust & Teamwork ［M］. Chicago: Enterprise Dearborn, 1993.

［114］Tee, E. Y., Paulsen, N. & Ashkanasy, N. M. Revisiting follow-ership through a social identity perspective: The role of collective follower emo-tion and action ［J］. The Leadership Quarterly, 2013, 24 (6): 902–918.

［115］Saebi, T., Foss, N. J. Business models for open innovation: Matching heterogeneous open innovation strategieswith business model dimensions ［J］. European Management Journal, 2015, 33 (3): 201–213.

［116］Uhl-Bien, M., Riggio, R. E., Lowe, K. B. et al. Followership theory: A review and research agenda ［J］. Leadership Quarterly, 2014, 25 (1): 83–104.

［117］Van Gil, S., Van Quaquebeke, N. & Van Knippenberg, D. The X-factor: On the relevance of implicit leadership and followership theories for leader-member exchange agreement ［J］. European Journal of Work and Or-ganizational Psychology, 2010, 19 (3): 333–363.

［118］Van Knippenberg, D. Embodying who we are: Leader group prototypicality and leadership effectiveness [J]. The Leadership Quarterly, 2011, 22 (6): 1078-1091.

[119] Van Knippenberg, D., Hogg, M. A. A social identity model of leadership effectiveness in organizations [J]. Research in Organizational Behavior, 2003 (25): 243-295.

[120] Van Vugt, M., Hogan, R. & Kaiser, R. B. Leadership, followership, and evolution: Some lessons from the past [J]. American Psychologist, 2008, 63 (3): 182.

[121] Velu, C., Jacob, A. Business model innovation and owner-managers: The moderating role of competition [J]. R & D Management, 2014, 46 (3): 328-335.

[122] Gupta, V., et al. Entrepreneurial leadership: Developing and measuring a cross-cultural construct [J]. Journal of Business Venturing, 2004, 19 (2): 241-264.

[123] Vogel, R., Hansen, N. K. & Kreysch, M. Implicit leader and followership theories and interpersonal attraction in workplace relationships [A]. In Academy of Management Proceedings (Vol. 2018, No. 1, p. 14181). Briarcliff Manor, NY 10510: Academy of Management.

[124] Walumbwa, F., O., Hartnell, C., A. Understanding transformational leadership-employee performance links: The role of relational identification and self-efficency [J]. Journal of Occupational & Organizational Psychology, 2011, 84 (1): 153-172.

[125] Wang, X., Peng, J. The effect of implicit-explicit followership congruence on benevolent leadership: Evidence from Chinese family firms [J]. Frontiers in Psychology, 2016 (7): 812.

[126] Weidner N. W. Dissecting implicit leadership theories: A generalizability analysis (Unpublished doctorial dissertation) [D]. Wayne State University, 2012.

[127] Wilkins, C. The interim regulated legal market for NPS ("legal high") products in New Zealand: The impact of new retail restrictions and prod-

uct licensing［J］. Drug Testing & Analysis, 2014, 6 (7-8)：868-875.

［128］Yagil, D. & Medler-Liraz, H. Feel free, be yourself：Authentic leadership, emotional expression, and employee authenticity［J］. Journal of Leadership & Organizational Studies, 2014, 21 (1)：59-70.

［129］Yang, K. S. Chinese social orientation：An integrative analysis［J］. Chinese Societies and Mental Health, 1995 (2)：19-39.

［130］蔡莉, 单标安. 中国情境下的创业研究：回顾与展望［J］. 管理世界, 2013, 29 (12)：160-169.

［131］蔡瑶. 职场排斥与网络怠工：工作嵌入的调节作用［D］. 武汉大学硕士学位论文, 2019.

［132］曹元坤, 徐红丹. 调节焦点理论在组织管理中的应用述评［J］. 管理学报, 2017, 14 (8)：1254.

［133］曹元坤, 许晟. 部属追随力：概念界定与量表开发［J］. 当代财经, 2013 (340)：82-89.

［134］陈超. 领导正直的维度、测量及与下属工作绩效的关系：一项中国情境下的实证研究［D］. 江西财经大学硕士学位论文, 2016.

［135］陈蒂. 自尊与风险情景中的冒险倾向的关系研究［C］. 第十届全国心理学学术大会论文摘要集, 2005.

［136］陈奎庆, 李刚. 创业型领导研究回顾与展望［J］. 常州大学学报 (社会科学版), 2016, 17 (4)：26-31.

［137］陈文沛. 创业型领导、心理授权与员工创新行为［J］. 技术经济与管理研究, 2015 (10)：45-49.

［138］陈晓暾, 党艺伟. 基于资源保存理论视角的职业高原与员工反生产行为关系研究［J］. 领导科学, 2020 (8)：86-89.

［139］陈学猛. 商业模式设计与领导力的关键作用研究［D］. 中国科学技术大学硕士学位论文, 2014.

［140］陈彦羽. 变革型领导对员工追随力的影响研究［D］. 北京交通大学硕士学位论文, 2018.

［141］陈一华, 张振刚, 黄璐. 制造企业数字赋能商业模式创新的机制与路径［J］. 管理学报, 2021, 18 (5)：731-740.

［142］陈志霞，典亚娇．组织差序氛围：概念，测量及作用机制［J］．外国经济与管理，2018，40（6）：86-98．

［143］陈忠卫，田素芹，汪金龙．工作家庭冲突双向性与离职倾向关系研究［J］．软科学，2014，28（8）：65-69．

［144］程敏．家长式领导对员工追随和绩效的影响：人际公平的调节作用［D］．浙江大学硕士学位论文，2015．

［145］迟小莉．中国本土创业型领导力实证研究［D］．清华大学硕士学位论文，2011．

［146］崔传刚．创业热潮并未退，只是回归理性［N］．环球时报，2019-01-19（7）．

［147］达伦·达尔彻，尉艳娟．填补领导力空白：培养有力追随者［J］．项目管理评论，2019（2）．

［148］蒂莫西·R.克拉克．追随：让下属心甘情愿跟着你的秘密［M］．南昌：百花洲文艺出版社，2017．

［149］丁桂凤，张澎涛．领导不当督导与追随者规范承诺：追随力的中介作用应用心理学［J］．心理与行为研究，2013，11（6）：796-800．

［150］董维维，庄贵军．关系治理的本质解析及在相关研究中的应用［J］．软科学，2012（26）：133-137．

［151］董越．主动担责的国内外研究现状及未来展望［J］．企业科技与发展，2019（2）：34-35．

［152］段锦云，徐悦，郁林瀚．中国儒家传统中的自我修为思想：对交换范式的审视与补充［J］．心理科学进展，2018，26（10）：1890-1900．

［153］樊辉，张健，倪渊等．商业模式创新研究演化过程、热点与主题探析——CSSCI（2000-2016）文献计量分析［J］．科技管理研究，2018（11）：202-210．

［154］冯镜铭．中国情境下谦卑型领导与下属主动行为关系研究［D］．华南理工大学博士学位论文，2018．

［155］高日光．领导正直的前因与结果：一项追踪研究［J］．心理科学进展，2015，23（12）：2042-2053．

［156］高日光，沈华礼．国内外领导正直的研究综述［J］．领导科

学，2016（35）：34-36.

[157] 顾玉林. 领导恩威并施激发下属追随力之方略［J］. 领导科学，2019（3）：64-66.

[158] 官洋. 真实型领导对员工建言行为的影响研究——以心理资本为中介变量［D］. 辽宁大学硕士学位论文，2017.

[159] 郭晟豪，萧鸣政. 集体主义人力资源管理与员工积极、消极互惠：组织认同与关系认同的中介差异［J］. 商业经济与管理，2016（12）：28-36.

[160] 郭衍宏，高英，李思志. 创业型领导对追随者创造力的影响——工作情境与非工作情境双路径研究［J］. 科技进步与对策，2019，36（19）：145-152.

[161] 韩树杰. 追随力：一个值得深入研究的新领域［J］. 中国人力资源开发，2015，27（15）：3.

[162] 洪雁. 工作场所团队领导偏差行为的概念内涵与作用机制［M］. 北京：经济科学出版社，2016.

[163] 胡保亮，赵田亚，闫帅. 高管团队行为整合、跨界搜索与商业模式创新［J］. 科研管理，2018，39（12）：37-44.

[164] 黄起. 工作价值取向与员工创造力的关系研究［D］. 广东财经大学硕士学位论文，2018.

[165] 黄霞. 工作价值取向视角的主客观职业成功关系研究［D］. 重庆工商大学硕士学位论文，2017.

[166] 黄勇，彭纪生. 组织内信任对员工负责行为的影响——角色宽度自我效能感的中介作用［J］. 软科学，2015，29（1）：74-77.

[167] 黄勇，杨洁，胡赛赛. 组织支持感与员工创造力——相对组织支持感和情感承诺的影响［J］. 贵州财经大学学报，2020（5）：80-87.

[168] 黄勇，余江龙. 从主动性人格到主动担责行为：基于角色定义的视角［J］. 中国人力资源开发，2019，36（3）：65-77.

[169] 黄岳陵，刘善仕，刘小浪. 关系认同研究进展和展望［J］. 软科学，2017，31（1）：95-100.

[170] 姜海燕. "80后"与"90后"群体工作价值取向比较研究

[D]. 内蒙古科技大学硕士学位论文，2014.

[171] 蒋春燕. 员工公平感与组织承诺和离职倾向之间的关系：组织支持感中介作用的实证研究 [J]. 经济科学，2007（6）：118-128.

[172] 蒋奖，王荣. 辱虐管理与下属针对领导的偏差行为：同事行为和惩罚可能性的调节作用 [J]. 中国临床心理学杂志，2012，20（2）：214-218.

[173] 蒋陆军. 心理资本理论研究述评与展望 [J]. 现代管理科学，2019，312（3）：111-113.

[174] 柯江林，丁群. 创业型领导对初创企业员工态度与创新绩效的影响——职场精神力的中介效应与领导-成员交换的调节作用 [J]. 经济与管理研究，2020，41（1）：91-103.

[175] 科恩. 英雄领导力：以正直和荣誉进行领导 [M]. 北京：机械工业出版社，2015.

[176] 孔茗，钱小军. 被领导者"看好"的员工其行为也一定好吗？——内隐追随对员工行为的影响 [J]. 心理学报，2015，47（9）：1162-1171.

[177] 李斌，马红宇，殷华敏，郭永玉，李爱梅. 员工主动性人格对其心理资本的影响 [J]. 华东经济管理，2014，28（10）：133-136.

[178] 李超平，田宝，时勘. 变革型领导与员工工作态度：心理授权的中介作用 [J]. 心理学报，2006，38（2）：297-307.

[179] 李东，徐天舒，白璐. 基于试错—学习的商业模式实验创新：总体过程与领导角色 [J]. 东南大学学报（哲学社会科学版），2013，15（3）：20-27.

[180] 李凤莲. 心理资本对员工创新行为的影响机制研究 [J]. 财经问题研究，2017（12）：138-143.

[181] 李广睿. 挑战/阻碍性压力与反生产行为的关系研究 [D]. 青岛理工大学硕士学位论文，2015.

[182] 李恒，李玉章，陈昊，吴维库. 创业型领导对员工组织承诺和工作满意度的影响——考虑情绪智力的中介作用 [J]. 技术经济，2014，33（1）：66-74.

［183］李宏利，董丽娟. 领导力与追随力的进化本质 ［J］. 苏州大学学报（教育科学版），2014，2（4）：24-33.

［184］李焕荣，张建平. 追随力与员工工作绩效：建言行为与权力距离的作用 ［J］. 商业研究，2015，61（12）：105-112.

［185］李靖华，林莉，李倩岚. 制造业服务化商业模式创新：基于资源基础观 ［J］. 科研管理，2019，40（3）：74-83.

［186］李磊，席酉民，葛京，李鹏飞，张晓军，李圭泉. 领导研究中的"情境"——内容、方法与未来展望 ［J］. 管理工程学报，2013，27（3）：1-10.

［187］李梦怡. 挑战性压力源、调节聚焦与创造性的关系 ［D］. 西南大学硕士学位论文，2015.

［188］李朔，林芹，易凌峰. 基于扎根理论的创业型领导结构维度的本土化研究 ［J］. 经济与管理，2021，35（3）：86-92.

［189］李朔，易凌峰，尹轶帅. 创业型领导何以激发员工创新行为？——论创新自我效能感和组织认同的作用 ［J］. 湖北社会科学，2020（11）：83-90.

［190］李巍，杨雪程. 新创企业市场双元驱动创业绩效的机制研究：商业模式创新的中介效应 ［J］. 管理评论，2021，33（3）：118-128.

［191］李锡元，杨咸华，蔡瑶. 职场排斥与网络怠工：工作嵌入的调节作用 ［J］. 技术经济，2019，38（6）：37-45.

［192］李鲜苗，徐振亭. 领导心理资本对员工知识共享的跨层次影响研究 ［J］. 软科学，2018，32（1）：92-94+99.

［193］李晔，张文慧，龙立荣. 自我牺牲型领导对下属工作绩效的影响机制——战略定向与领导认同的中介作用 ［J］. 心理学报，2015，47（5）：653-662.

［194］李竹君，尧丹俐. 从社会认同理论视角看社群消费行为 ［J］. 中国市场，2017（31）：115-116.

［195］梁茜茜. 生育二胎员工工作价值取向、敬业度与工作绩效关系的研究 ［D］. 华南理工大学硕士学位论文，2019.

［196］梁永奕，严鸣，储小平. 多团队情境下领导团队代表性的"双

刃剑"效应 [J]. 心理学报，2018，50（1）：58-68.

[197] 廖素琴. 组织惯性视角下分布式领导与开放式创新对商业模式创新的影响研究 [J]. 中国科学技术大学博士学位论文，2018：133.

[198] 林芹，易凌峰. 不确定环境下创业型领导如何提升组织创新绩效 [J]. 科技进步与对策，2021，38（9）：117-123.

[199] 林琼. 当前中国人内隐领导理论研究——来自深圳、广州、杭州的调查 [D]. 暨南大学博士学位论文，2003.

[200] 林志扬，赵靖宇. 真实型领导对员工承担责任行为的影响——员工内化动机和人际敏感特质的作用 [J]. 经济管理，2016，38（7）：71-81.

[201] 凌茜，莫紫凌. 中国情景下企业有效追随行为特征的定性研究 [J]. 科学与管理，2016（6）：18-30.

[202] 凌文辁，方俐洛，艾尔卡. 内隐领导理论的中国研究：与美国的研究进行比较 [J]. 心理学报，1991，23（3）：236-242.

[203] 凌文辁，杨海军，方俐洛. 企业员工的组织支持感 [J]. 心理学报，2006（2）：281-287.

[204] 凌文辁. 和谐组织研究 [M]. 北京：科学出版社，2011.

[205] 刘冰，齐蕾，徐璐. 棍棒之下出"孝子"吗——员工职场偏差行为研究 [J]. 南开管理评论，2017，20（3）：182-192.

[206] 刘伯龙. 创业型领导形成与作用机制研究 [D]. 吉林大学博士学位论文，2019.

[207] 刘涵沁. 自恋型领导对员工沉默行为的影响研究——基于心理授权的中介和个体传统性的调节 [D]. 中南财经政法大学硕士学位论文，2019.

[208] 刘军，章凯，仲理峰. 工作团队差序氛围的形成与影响：基于追踪数据的实证分析 [J]. 管理世界，2009，25（8）：92-101.

[209] 刘铭郅. 领导认同研究综述 [J]. 金融经济，2017（6）：149-150.

[210] 刘兴国. 基于社会资本视角的创业研究 [M]. 北京：经济管理出版社，2012.

［211］刘兆鹏. 家长式领导对主动行为的影响：心理所有权和传统性的作用［D］. 兰州大学硕士学位论文，2015.

［212］刘迫，陈艳. 国外创业型领导测量研究回顾及展望［J］. 科技进步与对策，2015，32（10）：155-160.

［213］刘宗华，郭昱琅，郑馨怡. 主管支持与网络怠工——心理安全和尽责性的作用［J］. 管理学刊，2019，32（2）：54-62.

［214］卢纪华，陈丽莉，赵希男. 组织支持感、组织承诺与知识型员工敬业度的关系研究［J］. 科学学与科学技术管理，2013，34（1）：147-153.

［215］陆璐. 员工睡眠质量与网络怠工的关系：自我损耗的中介作用［D］. 浙江师范大学硕士学位论文，2020.

［216］陆茜茜. 变革型领导对员工亲社会性违规行为的影响研究［D］. 中国科学技术大学硕士学位论文，2014.

［217］吕会荣. 道德领导、组织公正和网络怠工的关系研究［D］. 浙江师范大学硕士学位论文，2016.

［218］吕力. 中国本土管理研究中的"传统文化构念"及其变迁［J］. 商业经济与管理，2019，39（5）：39-45.

［219］吕政宝，凌文辁，马超. 追随力：提升领导有效性的新视角［J］. 中国人力资源开发，2009（10）：12-16.

［220］罗瑾琏，闫佳祺，贾建锋. 社会建构视角下员工积极追随特质对追随行为的影响研究［J］. 管理学报，2018，15（7）：971-979.

［221］罗珉，李亮宇. 互联网时代的商业模式创新：价值创造视角［J］. 中国工业经济，2015，57（1）：95-107.

［222］罗珉. 商业模式的理论框架述评［J］. 当代经济管理，2009，31（11）：1-8.

［223］马璐，谢鹏，韦依依. 下属默契对员工主动担责行为的影响研究——目标清晰度中介效应与组织支持感调节效应［J］. 中国软科学，2020（2）：129-137.

［224］毛丽红. 网络怠工问卷编制及初步应用［D］. 浙江师范大学硕士学位论文，2012.

［225］孟欣欣. 组织氛围及其对员工工作投入的影响研究——以经济型酒店为例［D］. 暨南大学硕士学位论文，2018.

［226］潘欣. 主动担责行为对工作绩效影响［D］. 华中科技大学硕士学位论文，2015.

［227］彭坚，王霄，冉雅璇，等. 积极追随特质一定能提升工作产出吗——仁慈领导的激活作用［J］. 南开管理评论，2016，19（4）：135-146.

［228］彭坚，王霄. 追随力认知图式：概念解析与整合模型［J］. 心理科学，2015（4）：822-827.

［229］彭金霞. 中国情境下的挑战性—阻断性压力源研究述评［J］. 现代商业，2017（1）：271-272.

［230］彭静. ZS 银行 90 后员工工作价值取向转变策略研究［D］. 广东财经大学硕士学位论文，2017.

［231］任声策. 商业模式对技术创新投入的影响［J］. 中国科技论坛，2015（5）：13-25.

［232］沈璐，庄贵军，姝曼. 品牌帖子转发与品牌偏好之间的因果关系［J］. 管理科学，2016，29（1）：86-94.

［233］史丽华，储小平，梁永奕. 领导代表性研究现状及未来展望［J］. 经济管理，2015，37（3）：190-199.

［234］史亚雅，杨德明. 数字经济时代商业模式创新与盈余管理［J］. 科研管理，2021，42（4）：170-179.

［235］宋继文，郭一蓉，徐大海，罗文豪，王悦. 追随力视角下积极挑战行为的概念与作用机制研究［J］. 管理学报，2017，14（10）：1445-1455.

［236］宋婕. 高科技企业创业型领导、挑战性压力和员工创新行为［D］. 华东师范大学硕士学位论文，2020.

［237］苏赞璇. 计划行为理论与威慑理论视域下的网络怠工研究［D］. 广州大学硕士学位论文，2019.

［238］苏赞璇. 网络怠工的影响因素及其两面性［J］. 中国管理信息化，2018，21（13）：79-80.

［239］孙健敏，陈乐妮，尹奎. 挑战性压力源与员工创新行为：领

导-成员交换与辱虐管理的作用 [J]. 心理学报, 2018, 50 (4): 436-449.

[240] 谈晓. 高校大四毕业生主动性人格、心理资本与生涯适应力的关系研究 [D]. 湖南师范大学硕士学位论文, 2018.

[241] 谭乐, 宋合义, 郝婵玉, 杨晓. 基于情境对领导有效性影响的研究述评 [J]. 管理学报, 2015, 14 (11): 1728-1736.

[242] 陶厚永, 李薇, 陈建安, 李玲. 领导-追随行为互动研究: 对偶心理定位的视角 [J]. 中国工业经济, 2014, 28 (12): 104-117.

[243] 田喜洲, 谢晋宇. 组织支持感对员工工作行为的影响: 心理资本中介作用的实证研究 [J]. 南开管理评论, 2010, 13 (1): 23-29.

[244] 田喜洲, 左晓燕, 谢晋宇. 工作价值取向研究现状分析及未来构想 [J]. 外国经济与管理, 2013, 35 (4): 32-39+61.

[245] 佟岩, 徐峰. 我国上市公司内部控制效率与盈余质量的动态依存关系研究 [J]. 中国软科学, 2013, 28 (2): 111-122.

[246] 王德智. 小微企业创业领导力与创业绩效的关系研究 [D]. 石河子大学硕士学位论文, 2016.

[247] 王峰. 真实型领导对医护人员工作满意度的影响: 领导认同和情绪智力的作用 [J]. 心理技术与应用, 2018, 6 (2): 79-88+108.

[248] 王岗. "互联网+" 时代下事业单位人力资源管理的改革探析 [J]. 经济管理文摘, 2021 (10): 99-100+103.

[249] 王弘钰, 李云剑. 员工积极内隐追随对创新行为的影响机制研究 [J]. 数量经济研究, 2017, 8 (2): 132-144.

[250] 王弘钰, 刘伯龙. 创业型领导研究述评与展望 [J]. 外国经济与管理, 2018, 40 (4): 84-95.

[251] 王弘钰, 邹纯龙. 变革型领导对员工越轨创新的影响———一个有调节的中介模型 [J]. 科技管理研究, 2019, 39 (2): 165-171.

[252] 王丽芝. 员工时间管理倾向与成就动机、网络怠工的关系研究 [D]. 浙江师范大学硕士学位论文, 2020.

[253] 王鑫鑫, 王宗军. 国外商业模式创新研究综述 [J]. 外国经济与管理, 2009, 31 (12): 33-38.

[254] 王雪冬, 董大海. 商业模式创新概念研究述评与展望 [J]. 外

［283］阎美君. 创业型领导者对创业绩效影响研究［D］. 西南大学硕士学位论文，2018.

［284］颜爱民，高莹. 辱虐管理对员工职场偏差行为的影响：组织认同的中介作用［J］. 首都经济贸易大学学报，2010（6）：55-61.

［285］杨国枢. 华人自我的理论分析与实证研究：社会取向与个人取向的观点［J］. 本土心理学研究，2004（22）：11-80.

［286］杨国枢. 组织心理与行为［M］. 台北：台湾大学心理学系本土心理研究室，1995.

［287］杨建权. 司法公正社会认同的价值、内涵和标准［J］. 法制博览，2019（2）：164+174.

［288］杨静. 创业型领导研究评述［J］. 中国人力资源开发，2012（14）：51-53.

［289］杨静. 女性创业领导力的行为特征及其效能机制：多水平效应分析［D］. 浙江大学博士学位论文，2014.

［290］杨静，王重鸣. 基于多水平视角的女性创业型领导对员工个体主动性的影响过程机制：LMX 的中介作用［J］. 经济与管理评论，2016，（1）：63-71.

［291］杨中芳，刘萃侠，杨宜音. 中国人的人际关系，情感与信任：一个人际交往的观点——本土心理研究丛书［M］. 台北：远流出版事业有限公司，2001.

［292］叶新凤，李新春，王智宁. 安全氛围对员工安全行为的影响——心理资本中介作用的实证研究［J］. 软科学，2014，28（1）：86-90.

［293］易加斌，柳振龙，杨小平. 数字经济能力驱动商业模式创新的机理研究［J］. 会计之友，2021（8）：101-106.

［294］尹俊，黄鸣鹏，王辉，等. 战略领导者成就动机、冒险倾向与企业国际化［J］. 经济科学，2013（3）：72-86.

［295］尹俊，裴学成，李冬昕. 领导者的内隐成就动机、冒险倾向与企业国际化的关系［J］. 南京师范大学学报（社会科学版），2013（2）：53-59.

［296］余维新，熊文明. 领导委派如何影响中层管理者内创业行为——

积极追随力与多任务时间取向的调节作用 [J]. 科技进步与对策，2020，37 （23）：144-151.

[297] 袁庆宏，牛琬婕，陈琳. 组织情境中关系认同的研究述评 [J]. 软科学，2017，31 （8）：47-50.

[298] 原涛，凌文辁. 追随力研究述评与展望 [J]. 心理科学进展，2010，18 （5）：769-780.

[299] 占小军，卢娜，罗文豪，祝养浩. 自我调节理论视角下教练型领导对员工主动担责行为的作用机制研究 [J]. 管理评论，2020，32 （8）：193-203.

[300] 张党珠，王晶，齐善鸿. 基于扎根理论编码技术的道本领导理论模型构建研究 [J]. 管理学报，2019，16 （8）：1117-1126.

[301] 张建卫，李海红，刘玉新，赵辉. 家长式领导对多层面创造力的作用机制 [J]. 心理科学进展，2018，26 （7）：1319-1330.

[302] 张蕾，于广涛，周文斌. 真实型领导对下属真实型追随的影响——基于认同中介和组织政治知觉调节作用的研究 [J]. 经济管理，2012 （10）：97-106.

[303] 张力，刘颖琦，张雷，AriKokko. 多层次视角下的商业模式创新路径——中国新能源汽车产业实证 [J]. 中国科技论坛，2021 （2）：27-38.

[304] 张璐，胡君辰. 人力资源2.0时代"领导力—追随力"整合路径研究 [J]. 现代管理科学，2016 （2）：12-14.

[305] 张翔. 创业型领导、能力柔性与新创企业绩效——基于环境动态性的调节作用分析 [J]. 黄河科技大学学报，2017，19 （5）：87-95.

[306] 张翔，丁栋虹. 创业型领导对新创企业绩效影响的中介机制研究——组织学习能力与战略柔性的多重中介效应分析 [J]. 江汉学术，2016，35 （5）：14-22.

[307] 张晓军，韩巍，席酉民，葛京，刘鹏，李磊. 本土领导研究及其路径探讨 [J]. 管理科学学报，2017，20 （11）：36-48.

[308] 张艳艳. 主动性人格对员工追随力的影响研究 [D]. 湖南大学硕士学位论文，2018.

[309] 张永军，张鹏程，赵君. 家长式领导对员工亲组织非伦理行为

的影响：基于传统性的调节效应［J］. 南开管理评论，2017，20（2）：169-179.

［310］张振刚，李云健，李娟娟. 心理资本、创新氛围感知与创新行为关系研究［J］. 中国科技论坛，2015（2）：119-124.

［311］赵丹妮，宋国萍，孟凡. 基于资源理论模型下的工作家庭增益研究［A］. 中国心理学会. 心理学与创新能力提升——第十六届全国心理学学术会议论文集［C］. 中国心理学会，2013：2.

［312］赵海琼. 情绪领导力对创新绩效的影响机制研究［D］. 广州大学硕士学位论文，2016.

［313］赵慧军，席燕平. 员工追随行为结构验证及其对工作绩效的影响［J］. 中国人力资源开发，2015，27（15）：40-46.

［314］赵巾伟. 高校青年教师组织支持感对工作投入的影响研究［D］. 山西财经大学硕士学位论文，2020.

［315］赵敏，何云霞. 西方工作价值取向研究及对我国教师管理的启示［J］. 教育理论与实践，2010，30（22）：37-41.

［316］支娟娟. 雇佣保障、员工传统性对离职倾向的影响研究［D］. 辽宁大学硕士学位论文，2011.

［317］钟慧. 破坏性领导与员工职场偏差行为的相关研究［D］. 西南财经大学博士学位论文，2013.

［318］仲欣. 工作疏离感对离职意向的影响［D］. 河南大学硕士学位论文，2019.

［319］周菲，张传庆. 高绩效工作系统对员工工作行为的影响——心理资本中介作用的实证研究［J］. 北京社会科学，2012（3）：33-40.

［320］周浩. 中国组织员工建言行为研究［M］. 成都：四川大学出版社，2015.

［321］周如意，龙立荣，贺伟. 自我牺牲型领导与员工反生产行为：领导认同与心理权利的作用［J］. 预测，2016，35（3）：1-7.

［322］周文杰，宋继文，李浩澜. 中国情境下追随力的内涵、结构与测量［J］. 管理学报，2015，12（3）：355-363.

［323］朱海燕. 组织政治知觉对员工沉默行为影响研究：传统性的调

节作用 [D]. 浙江工商大学硕士学位论文，2018.

［324］朱瑜，童静，黄丽君. 领导关系认同建构研究述评 [J]. 外国经济与管理，2013，35（9）：25-34.

［325］朱瑜，王凌娟，李倩倩. 领导者心理资本、领导—成员交换与员工创新行为：理论模型与实证研究 [J]. 外国经济与管理，2015，37（5）：36-51.

［326］朱瑜，谢斌斌. 差序氛围感知与沉默行为的关系：情感承诺的中介作用与个体传统性的调节作用 [J]. 心理学报，2018，50（5）：71-80.

［327］祝振兵，曹元坤，彭坚. 积极追随原型-特质匹配对辱虐管理的影响——基于多项式回归与响应面分析的探索 [J]. 心理科学，2017，40（6）：1405-1411.

后　记

中国悠久的文化与历史积累的大量的智慧，需要我们不断去挖掘和领悟。然而，中国的管理科学不论是构念的提出，还是理论的建构，长期以来受到西方理论体系的影响，存在着浓重的西方文化的影子。因此，越来越多的学者呼吁开展具有中国文化特色、符合中国情境的管理理论研究，用中国文化去解释中国组织的现象和中国人的行为。

显然，内隐创业型领导是响应本土领导理论开拓式研究的一次尝试，从构念的提出、测量以及作用机制和互动机制，本书坚持一个核心原则：以中国特色文化、价值观与创业实践交织一起形成独特的本土创业情境作为分析原点，通过根植于本土追随者内心独特的领导认知图式来建构内隐创业型领导，相关数据与结论也从不同侧面证实了内隐创业型领导的独特性，同时也系统阐释了该领导行为与积极追随力之间的相互关系和塑造过程。

本书在创作思路上得到了清华大学林健教授、北京航空航天大学程志超教授、北京信息科技大学张健教授的指导和启发，谢谢他们对本书的章节构成和写作思路提出了宝贵意见。本书在内容修订、电子件制作、出版印刷及校对事务中，得到了吕家欣、王佳两位研究生同学的鼎力相助，得到了经济管理出版社杨雪编辑的热情支持，在此表示衷心感谢。

"长风破浪会有时，直挂云帆济沧海"，仅以此书献给中国共产党建党100周年，祝福祖国繁荣昌盛，祝愿家人平安，希望女儿倪善桐能快乐成长！

由于时间和水平有限，本书尚有很多不足之处，恳请广大读者批评指正。

倪渊　李翠

2021 年 7 月